Les Histoires De Wall Street

Par Edwin Lefèvre

TABLE DES MATIÈRES

La Femme et Ses Obligations

Fullerton F. Colwell, de la célèbre maison de bourses Wilson & Graves, avait l'impression d'avoir fait tout son devoir envers son ami Harry Hunt. Il était administrateur d'une demi-douzaine de sociétés - des débutantes financières que sa firme avait « sorties » et dont il présidait les destinées boursières. Ses associés lui ont laissé beaucoup de choses, et même les employés de bureau ont reconnu sans sourciller que M. Colwell était « l'homme le plus travailleur de la place, à l'exception de tous » - un aveu qui a beaucoup de sens pour ceux qui savent que ce sont toujours les employés opprimés qui font tout le travail et leurs employeurs qui s'approprient tous les profits et le crédit. Il est possible que les jeunes hommes importants qui faisaient tout le travail dans le bureau de Wilson & Graves aient témoigné si joyeusement de l'industrie de M. Colwell, parce que M. Colwell s'informait toujours, très courtoisement et, surtout, avec sympathie, de la quantité de travail que chaque homme devait accomplir, et suggérait, l'instant d'après, que la quantité laborieuse en question était indiscutablement excessive. De plus, c'est lui qui augmentait les salaires ; il était donc l'homme le plus charmant et le plus occupé de l'entreprise. Parmi ses associés, John G. Wilson était un consommateur, allant sans cesse d'une station thermale à l'autre, consacrant ses millions à l'achat de billets de chemin de fer dans l'espoir de devancer la Mort. George B. Graves était un dyspeptique, nerveux, irritable et, de surcroît, mesquin ; un homme dont la principale recommandation, à l'époque où Wilson avait créé la société, avait été sa joyeuse volonté de faire tout le sale boulot. Frederick R. Denton était occupé dans la « Board Room » - la Bourse - toute la journée, exécutant des ordres, surveillant le comportement sur le marché des actions avec lesquelles la société était identifiée, et entendant de temps en temps des choses qui n'étaient pas destinées à ses oreilles, à savoir la vérité concernant Wilson & Graves. Mais Fullerton F. Colwell devait tout faire, à la bourse comme au bureau. Il s'occupait de la manipulation des actions de Wilson & Graves, prenait en charge la partie peu délicate des nombreux pools formés par les clients de la firme - M. Graves s'occupant des autres détails - et participait à la gestion effective de diverses sociétés. En outre, il s'entretenait quotidiennement avec une douzaine de personnes - principalement des « gros bonnets, » dans le jargon de Wall Street - qui s'apprêtaient à « réaliser » des « opérations » boursières. Il avait consacré son temps, qui valait des milliers, et son cerveau, qui valait des millions, à démêler les affaires de son ami imprudent, et lorsque tout fut terminé, que toutes les réclamations furent réglées et qu'il eut refusé les honoraires d'exécuteur auxquels il avait droit, on découvrit que la succession du pauvre Harry Hunt était non seulement exempte de dettes, mais qu'elle consistait en 38 000 dollars en espèces, déposés à l'Entreprise de Crédits du Trolleyman, sous réserve de l'ordre de Mme Hunt, et produisant des intérêts au taux de 2,5% par an. Il avait merveilleusement bien fait son travail et, en plus de l'argent, la veuve possédait une maison non grevée que Harry lui avait offerte de son vivant.

Peu de temps après le règlement de la succession, Mme Hunt s'est rendue à son bureau. C'était une journée très chargée. Les ours se comportaient mal et se comportaient très bien. Alabama Coal & Iron, la grande spécialité de l'entreprise, était sous le feu nourri du Long Tom de « Sam » Sharpe et des Maximes des négociants en chambre. Tout ce que Colwell pouvait faire était d'ordonner à Denton, qui était sur le terrain, de « soutenir » Ala. C. & I. suffisamment pour décourager l'ennemi, mais pas assez pour acquérir la totalité du capital de la compagnie. Il pratiquait lui-même à ce moment-là cette forme particulière de dissimulation financière qui revient à chanter allègrement à tue-tête alors que son sac d'or bien-aimé a été arraché par des pattes d'ours 6 et que les pièces de monnaie se déversent par le loyer. Chaque citation était importante ; un demi-pouce de ruban adhésif pouvait contenir une épopée de désastre. Il n'était pas sage de ne pas lire chaque caractère imprimé.

« Bonjour, M. Colwell. »

Il cessa de passer la cassette entre ses doigts et se retourna rapidement, presque avec appréhension, car on n'entendait pas volontiers une voix de femme à une heure où les distractions n'étaient pas souhaitables.

« Ah, bonjour, Mme Hunt, » dit-il très poliment. « Je suis très heureux de vous voir. Comment allez-vous ? » Il lui serra la main et la conduisit, un peu cérémonieusement, vers un immense fauteuil. Ses manières le rendaient sympathique même aux yeux des grands opérateurs de Wall Street, qui s'intéressaient surtout au discours laconique du téléscripteur.

« Bien sûr, vous allez très bien, Mme Hunt. Ne me dites pas le contraire. »

« Oui, oui, » dit-elle, hésitante. « Aussi bien que je puisse espérer l'être depuis... depuis... »

« Le temps seul, chère Mme Hunt, peut nous aider. Vous devez être très courageuse. C'est ce qu'il aurait voulu. »

« Oui, je sais, » soupire-t-elle. « Je suppose que je dois l'être. »

Il y eut un silence. Il se tenait à l'écart, déférent et compatissant.

« Tic-tic-tic-tic, » fit le téléscripteur.

Qu'est-ce que cela signifie, en chiffres ? Réduits en dollars et en cents, que disent les trois derniers coups de sifflet ? Peut-être les ours prenaient-ils d'assaut les retranchements de l'Alabama Coal & Iron pour des "ordres d'achat échelonnés" ; peut-être le fidèle lieutenant de Colwell, Fred Denton, avait-il repoussé l'ennemi. Qui gagne ? Un spasme, comme une douleur, passa sur le visage grave de M. Fullerton F. Colwell. Mais l'instant d'après, il lui dit, un peu penaud, comme s'il se reprochait de penser à la bourse en sa présence : « Vous ne devez pas vous permettre de ruminer, Mme Hunt. Vous savez ce que je pensais de Harry, et je n'ai pas besoin de vous dire combien je serai heureux de faire ce que je pourrai, pour son bien, Mme Hunt, et pour le vôtre. »

« Tic-tic-tic-tic ! » répète le téléscripteur. »

Pour éviter d'écouter la volubile petite machine, il continua : « Croyez-moi, Mme Hunt, je serai très heureux de vous servir. »

« Vous êtes si gentil, M. Colwell, » murmura la veuve, et après une pause : « Je suis venue vous voir au sujet de cet argent. »

« Oui ? »

« Ils m'ont dit que si je laissais l'argent dans la société fiduciaire sans le toucher, je gagnerais 79 dollars par mois. »

« Voyons voir ; oui, c'est à peu près ce à quoi on peut s'attendre. »

« Eh bien, M. Colwell, je ne peux pas vivre avec cela. L'école de Willie me coûte 50 dollars, et puis il y a les vêtements d'Edith, » poursuivit-elle d'un air qui laissait entendre qu'en ce qui la concernait, elle ne s'en souciait pas du tout. « Vous voyez, il était si indulgent, et ils sont habitués à tant de choses. Bien sûr, c'est une bénédiction que nous ayons la maison ; mais les impôts prennent tellement de place ; et - n'y a-t-il pas un moyen d'investir l'argent pour qu'il rapporte plus ? »

« Je pourrais acheter des obligations pour vous. Mais pour que votre capital soit absolument sûr à tout moment, vous devrez investir dans des titres de très bonne qualité, qui vous rapporteront environ 3½ pour cent. Cela représenterait, disons, 110 dollars par mois. »

« Et Harry dépensait 10 000 dollars par an, » murmure-t-elle en se plaignant.

« Harry a toujours été plutôt extravagant. »

« Je suis heureuse qu'il se soit amusé pendant qu'il vivait, » dit-elle rapidement. Puis, après une pause : « Et, M. Colwell, si je me lassais des obligations, je pourrais toujours récupérer mon argent ? »

« Vous pouvez toujours trouver un marché pour eux. Vous pourriez les vendre un peu plus ou un peu moins cher que ce que vous avez payé. »

« Je n'aimerais pas les vendre, dit-elle d'un air commercial, pour un prix inférieur à celui que j'ai payé. A quoi cela servirait-il ? »

« Vous avez raison, Mme Hunt, » dit-il, encourageant. « Ce ne serait pas très rentable, n'est-ce pas ? »

« Tic-tic-tic-tic-tic-tic-tic ! » dit le téléscripteur. Il ronronne à un rythme effréné. Son histoire est toujours intéressante lorsqu'il est occupé. Et Colwell n'avait pas regardé la bande depuis cinq minutes !

« Ne pourriez-vous pas acheter quelque chose pour moi, M. Colwell, pour que je puisse en tirer plus que ce que cela m'a coûté quand je le vendrai ? »

« Aucun homme ne peut le garantir, Mme Hunt. »

« Je ne voudrais pas perdre le peu que j'ai, » dit-elle précipitamment.

« Oh, il n'y a aucun risque. Si vous me donnez un chèque de 35 000 dollars, en laissant 3 000 dollars à la société fiduciaire pour les cas d'urgence, j'achèterai des obligations dont je suis raisonnablement certain que le prix augmentera d'ici quelques mois. »

« Tic-tic-tic-tic, » interrompit le téléscripteur. D'une manière inexplicable, il lui sembla que ce son cuivré était de mauvais augure, aussi ajouta-t-il : « Mais vous devrez me le faire savoir rapidement, Mme Hunt. La bourse, voyez-vous, n'est pas une institution polie. Elle n'attend personne, pas même votre sexe. »

« Mon Dieu, dois-je retirer l'argent de la banque aujourd'hui et vous l'apporter ? »

« Un chèque suffira. » Il commença à tambouriner nerveusement sur le bureau avec ses doigts, mais cessa brusquement lorsqu'il s'en rendit compte.

« Très bien, je vous l'enverrai aujourd'hui. Je sais que vous êtes très occupé, je ne vous retiendrai donc pas plus longtemps. Et vous achèterez de bonnes obligations bon marché pour moi ? »

« Oui, Mme Hunt. »

« Il n'y a pas de danger de perdre, n'est-ce pas, M. Colwell ? »

« Pas du tout. J'en ai acheté pour Mme Colwell, et je ne voudrais pas courir le moindre risque. Vous n'avez rien à craindre à leur sujet. »

« C'est extrêmement gentil de votre part, M. Colwell. Je vous en suis plus reconnaissant que je ne saurais le dire. Je... »

« La façon de me faire plaisir est de ne pas en parler, Mme Hunt. Je vais essayer de vous faire gagner de l'argent, afin que vous puissiez au moins doubler les revenus de la société fiduciaire. »

« Merci beaucoup. Bien sûr, je sais que vous êtes parfaitement au courant de ce genre de choses. Mais j'ai tellement entendu parler de l'argent que tout le monde perd à Wall Street que j'avais à moitié peur. »

« Pas si vous achetez de bonnes obligations, Mme Hunt. »

« Bonjour, M. Colwell. »

« Bonjour, Mme Hunt. N'oubliez pas qu'à chaque fois que je peux vous être utile, vous devez me le faire savoir immédiatement. »

« Oh, merci beaucoup, M. Colwell. Bonne journée. »

« Bonjour, Mme Hunt. »

Mme Hunt lui a envoyé un chèque de 35 000 dollars et Colwell a acheté 100 obligations en or à 5 % de la Manhattan Electric Light, Heat & Power Company, qu'il a payées 96 dollars.

« Ces obligations, lui écrit-il, vont sûrement monter en prix, et lorsqu'elles atteindront un bon chiffre, j'en vendrai une partie et je garderai le reste pour vous comme investissement. L'opération est en partie spéculative, mais je vous assure que l'argent est en sécurité. Vous aurez l'occasion d'augmenter votre capital initial et tous vos fonds seront alors investis dans ces mêmes obligations - Manhattan Electric 5s - autant que l'argent le permettra. J'espère que dans les six mois, je vous assurerai un revenu deux fois supérieur à celui que vous avez reçu de la société fiduciaire. »

Le lendemain matin, elle appelle à son bureau.

« Bonjour, Mme Hunt. J'espère que vous allez bien. »

« Bonjour, M. Colwell. Je sais que je vous dérange terriblement, mais... »

« Vous vous trompez lourdement, Mme Hunt. »

« Vous êtes très aimable. Vous voyez, je ne comprends pas très bien ce que sont ces obligations. Je pensais que vous pourriez me le dire. Je suis tellement stupide, » dit-elle d'un ton arrogant.

« Je ne vous laisserai pas tergiverser, Mme Hunt. Maintenant, vous m'avez donné 35 000 dollars, n'est-ce pas ? »

« Oui. » Son ton indique qu'elle est d'accord sur ce point et rien de plus.

« J'ai ouvert un compte pour vous auprès de notre société. Vous avez été crédité du montant. J'ai ensuite donné l'ordre d'acheter cent obligations de 1 000 dollars chacune. Nous les avons payées 96. »

« Je ne vous suis pas tout à fait, M. Colwell. Je vous ai dit » -un autre sourire en coin- « J'étais si stupide ! »

« Cela signifie que pour chaque obligation de 1 000 dollars, 960 dollars ont été payés. Cela a porté le total à 96 000 dollars. »

« Mais je n'avais que 35 000 dollars au départ. Vous ne voulez pas dire que j'ai gagné autant, n'est-ce pas ? »

« Pas encore, Mme Hunt. Vous avez mis 35 000 dollars ; c'était votre marge, vous savez ; et nous avons mis les 61 000 dollars restants et gardé les obligations comme garantie. Nous vous devons 35 000 dollars, et vous nous devez 61 000 dollars, et... »

« Mais je sais que vous allez vous moquer de moi, M. Colwell, mais je ne peux m'empêcher de penser que c'est un peu comme ces pauvres gens dont on parle dans les journaux, qui hypothèquent leur maison, et qui continuent, et la première chose que l'on sait, c'est qu'un agent immobilier possède la maison et que l'on n'a plus rien. J'ai une amie, Mme Stilwell, qui a perdu la sienne de cette façon, » conclut-elle, corroborante.

« Il ne s'agit pas exactement d'un cas similaire. La raison pour laquelle vous utilisez une marge est que vous pouvez faire beaucoup plus avec l'argent de cette manière que si vous achetiez directement. Elle protège votre courtier contre une dépréciation du titre acheté, ce qui est tout ce qu'il souhaite. Dans ce cas, vous nous devez théoriquement 61 000 dollars, mais les obligations sont à votre nom et elles valent 96 000 dollars, de sorte que si vous voulez nous rembourser, il vous suffit de nous ordonner de vendre les obligations, de nous rendre l'argent que nous vous avons avancé et de conserver le solde de votre marge, c'est-à-dire de votre somme initiale. »

« Je ne comprends pas pourquoi j'aurais une dette envers l'entreprise. Cela ne me dérangerait pas tellement de vous devoir quelque chose, car je sais que vous ne profiterez jamais de mon ignorance en matière d'affaires. Mais je n'ai jamais rencontré M. Wilson ni M. Graves. Je ne sais même pas à quoi ils ressemblent. »

« Mais vous me connaissez, » dit M. Colwell avec une patiente courtoisie.

« Oh, ce n'est pas que je craigne d'être trompée, M. Colwell, » dit-elle précipitamment et d'un ton rassurant, « mais je ne veux pas avoir d'obligations envers qui que ce soit, surtout envers de parfaits étrangers. »

« Ma chère Mme Hunt, ne vous inquiétez pas à ce sujet. Nous avons acheté ces obligations à 96. Si le prix monte à 110, comme je le pense, vous pouvez vendre les trois cinquièmes pour 66 000 dollars, nous rembourser 61 000 dollars et garder 5 000 dollars pour les cas d'urgence dans des caisses d'épargne rapportant 4 % d'intérêt, et avoir en plus 40 obligations qui vous rapporteront 2 000 dollars par an. »

« C'est très bien. Et les obligations sont maintenant à 96 ? »

« Oui, vous trouverez toujours le prix dans la page financière des journaux, là où il y a la mention OBLIGATIONS. Cherchez Man. Elec. 5s, » et il lui a montré.

« Oh, merci beaucoup. Bien sûr, je suis très ennuyeux, je sais... »

« Il n'en est rien, Mme Hunt. Je suis trop heureux de pouvoir vous être le moindrement utile. »

M. Colwell, occupé par plusieurs affaires importantes, n'a pas suivi de près les fluctuations du prix des 5s de la Manhattan Electric Light, Heat & 15Power Company. C'est Mme Hunt qui lui a fait comprendre qu'il y avait eu un changement. Elle l'a appelé quelques jours après sa première visite, la perturbation se lisant sur son visage. De plus, elle avait l'air semi-résolu d'une personne qui s'attend à entendre des excuses inacceptables.

« Bonjour, M. Colwell. »

« Comment allez-vous, Mme Hunt ? Bien, j'espère. »

« Oh, je vais assez bien. J'aimerais pouvoir en dire autant de mes finances. » Elle avait appris cette phrase dans les rapports financiers qu'elle avait pris l'habitude de lire religieusement chaque jour.

« Pourquoi, comment cela se fait-il ? »

« Ils ont 95 ans maintenant. » dit-elle d'un ton légèrement accusateur.

« Qui sont-ils, je vous prie, Mme Hunt ? » s'étonne-t-il.

« Les obligations. Je l'ai vu dans le journal d'hier soir. »

M. Colwell sourit. Mme Hunt a failli s'indigner de sa légèreté.

« Ne vous inquiétez pas, Mme Hunt. Les obligations vont bien. Le marché est un peu terne, c'est tout. »

« Un ami, » dit-elle très lentement, « qui connaît bien Wall Street, m'a dit hier soir que cela faisait une différence de 1 000 dollars pour moi. »

« C'est le cas, d'une certaine manière, si vous essayez de vendre vos obligations. Mais comme vous n'allez pas le faire avant qu'elles ne vous rapportent un beau bénéfice, vous n'avez pas à vous inquiéter. Ne vous préoccupez pas de cette question, je vous en prie. Lorsque le moment sera venu pour vous de vendre les obligations, je vous le ferai savoir. Peu importe que le prix perde un ou deux points. Vous êtes amplement protégés. Même en cas de panique, je veillerai à ce que vous ne soyez pas en rupture de stock, quelle que soit la baisse du cours. Vous ne devez pas vous en préoccuper ; en fait, vous ne devez pas y penser du tout. »

« Oh, merci beaucoup, M. Colwell. Je n'ai pas fermé l'œil de la nuit. Mais je savais... »

Un employé est entré avec des certificats d'actions et s'est arrêté. Il voulait absolument obtenir la signature de M. Colwell, mais n'osait pas l'interrompre. Mme Hunt se lève alors et dit : « Eh bien, je ne vais pas vous faire perdre plus de temps. Bonjour, Monsieur Colwell. Merci beaucoup. »

« N'en parlez pas, Mme Hunt. Bonjour, Madame Hunt. Vous allez très bien vous débrouiller avec ces obligations si vous avez de la patience. »

« Oh, je serai patient maintenant que je sais tout cela ; oui, en effet. Et j'espère que votre prophétie se réalisera. Bonjour, M. Colwell. »

Petit à petit, les obligations ont continué à baisser. Le syndicat en charge n'était pas prêt à les déplacer. Mais l'ami anonyme de Mme Hunt - le mari de sa cousine Emily - qui travaillait dans une banque de la ville, ne connaissait pas tous les détails de cette affaire. Il connaissait la rue dans l'abstrait et avait donc implanté la graine de l'insomnie dans l'âme tremblante de la jeune femme. Puis, voyant les valeurs décliner, il fit de son mieux pour faire pousser la graine, fertilisant un sol naturellement riche par des allusions et des secousses inquiétantes, et par des phrases qui lui firent croire fermement qu'il la préparait graduellement et avec attention au pire. Au troisième jour de son agonie, Mme Hunt entre dans le bureau de Colwell. Son visage est pâle et elle a l'air angoissé. M. Colwell soupira involontairement - un soupir à peine perceptible et pas très impoli - et dit : « Bonjour, Madame Hunt. »

Elle hocha gravement la tête et, avec un petit souffle, dit d'une voix tremblante : « Les obligations ! »

« Oui ? que se passe-t-il avec celles-ci ? »

Elle sursauta à nouveau et dit : « Les p-p-p-papiers ! »

« Que voulez-vous dire, Mme Hunt ? »

Elle se laissa tomber dans un fauteuil, sans force, comme si elle était épuisée. Après une pause, elle dit : « C'est dans tous les journaux. J'ai pensé que le Herald pouvait se tromper, alors j'ai acheté le Tribune, le Times et le Sun. Mais non. C'était la même chose dans tous les journaux. » C'était, ajouta-t-elle, tragiquement, « 93 ! »

« Oui ? » dit-il en souriant.

Le sourire ne la rassure pas, il l'irrite et éveille ses soupçons. C'est par lui, entre tous, que ses insomnies devraient être considérées comme un sujet de plaisanterie.

« Cela ne signifie-t-il pas une perte de 3 000 dollars ? » demande-t-elle. Il y avait dans sa voix une inflexion de déni si tu l'oses dont elle n'était pas consciente. Le mari de sa cousine était un jardinier attentif.

« Non, parce que vous n'allez pas vendre vos obligations à 93, mais à 110, ou à peu près. »

« Mais si je voulais vendre les obligations maintenant, est-ce que je ne perdrais pas 3 000 dollars ? Puis elle s'empresse de répondre elle-même : "Bien sûr que oui, M. Colwell. Même moi, je peux le dire. »

« Vous le feriez certainement, Mme Hunt ; mais... »

« Je savais que j'avais raison, » avec un triomphe irrépressible.

« Mais vous n'allez pas vendre les obligations. »

« Bien sûr, je ne veux pas, parce que je ne peux pas me permettre de perdre de l'argent, et encore moins 3 000 dollars. Mais je ne vois pas comment je pourrais m'empêcher de le perdre. J'ai été prévenue dès le début, » dit-elle, comme si cela aggravait la situation. « Je n'avais certainement pas à risquer tout ce que j'avais. » Elle avait renoncé au droit de blâmer quelqu'un d'autre, et il y avait dans son attitude quelque chose de consciemment juste et judiciaire qui était éloquent. M. Colwell en fut ému.

« Vous pouvez récupérer votre argent, Mme Hunt, si vous le souhaitez, » lui dit-il, de manière peu professionnelle. « Vous semblez vous en préoccuper beaucoup. »

« Oh, je ne m'inquiète pas vraiment ; seulement, je regrette d'avoir acheté - enfin, l'argent était tellement en sécurité à l'Entreprise de Crédits du Trolleyman, que je ne peux m'empêcher de penser que j'aurais tout aussi bien pu le laisser là où il était, même s'il ne me rapportait pas autant d'argent. Mais, bien sûr, si vous voulez que je le laisse ici, » dit-elle, très lentement pour lui donner toutes les chances de la contredire, « bien sûr, je ferai exactement ce que vous dites. »

« Ma chère Mme Hunt, » dit Colwell très poliment, « mon seul désir est de vous faire plaisir et de vous aider. Lorsque vous achetez des obligations, vous devez être prête à être patiente. Il faudra peut-être des mois avant que vous puissiez vendre les vôtres avec profit, et je ne sais pas jusqu'à quel point le prix baissera entre-temps. Personne ne peut vous le dire, car personne ne le sait. Mais cela ne changera rien pour vous si les obligations passent à 90, ou même à 85, ce qui est peu probable. »

« Comment pouvez-vous dire cela, M. Colwell ? Si les obligations vont jusqu'à 90, je perdrai 6 000 dollars - mon ami m'a dit que c'était 1 000 dollars pour chaque numéro en moins. Et à 85, cela ferait » -comptant sur ses doigts- « onze chiffres, c'est-à-dire onze mille dollars ! » Et elle le regarda, stupéfaite, pleine de reproches. « Comment pouvez-vous dire que cela ne ferait aucune différence, M. Colwell ? »

M. Colwell haïssait férocement cet « ami » anonyme qui lui avait dit si peu et pourtant tant de choses. Mais il lui dit doucement : « Je pensais vous avoir expliqué tout cela. Un faible spéculateur pourrait souffrir si les obligations baissaient de dix points, bien qu'une telle baisse soit tout à fait improbable. Mais cela ne vous affectera pas le moins du monde, puisque, disposant d'une marge suffisante, vous ne seriez pas obligé de vendre. Vous garderez simplement vos titres jusqu'à ce que le prix augmente à nouveau. Permettez-moi d'illustrer mon propos. Supposons que votre maison coûte 10 000 dollars et que... »

« Harry a payé 32 000 dollars, » dit-elle en rectifiant. Après réflexion, elle sourit, pour lui faire comprendre qu'elle savait que son interpolation n'était pas pertinente. Mais il pouvait tout aussi bien connaître le coût réel.

« Très bien, » dit-il avec humour, « nous dirons 32 000 dollars, ce qui est aussi le prix de toutes les autres maisons de ce quartier. Et supposons que, par suite d'un accident ou pour une raison quelconque, personne ne puisse payer plus de 25 000 dollars pour l'une de ces maisons, et que trois ou quatre de vos voisins vendent la leur à ce prix. Mais vous ne l'avez pas fait, parce que vous saviez qu'à l'automne, quand tout le monde reviendrait en ville, vous trouveriez plein de gens qui vous donneraient 50 000 dollars pour votre maison ; vous ne l'auriez pas vendue pour 25 000 dollars, et vous ne vous seriez pas inquiétée. N'est-ce pas, maintenant ? » conclut-il, joyeux.

« Non, » dit-elle lentement. « Je ne m'inquiéterais pas. Mais, » hésitante, car, après tout, elle sentait la maladresse de sa position, « j'aimerais avoir l'argent au lieu des obligations. » Et elle ajoute, sur la défensive : « Je n'ai pas fermé l'œil depuis trois nuits en pensant à tout cela. »

L'idée de son émancipation prochaine réjouit énormément M. Colwell. « Votre souhait sera exaucé, Mme Hunt. Pourquoi ne m'avez-vous pas demandé plus tôt si vous étiez de cet avis ? » dit-il, avec un léger reproche. Et il convoqua un greffier.

« Faites un chèque de 35 000 $ à l'ordre de Mme Rose Hunt, et transférez les 100 billets de 5 de la Manhattan Electric Light sur mon compte personnel. »

Il lui a donné le chèque et lui a dit : « Voici l'argent. Je suis vraiment désolé de vous avoir causé de l'inquiétude sans le vouloir. Mais tout est bien qui finit bien. Chaque fois que je peux vous rendre service... Pas du tout. Ne me remerciez pas, s'il vous plaît ; non. Bonne journée. »

Mais il ne lui a pas dit qu'en reprenant son compte, il avait payé 96 000 dollars pour des obligations qu'il aurait pu acheter sur le marché libre pour 93 000 dollars. Il était l'homme le plus poli de Wall Street et, après tout, il connaissait Hunt depuis de nombreuses années.

Une semaine plus tard, les obligations à 5 % de Manhattan Electric se sont à nouveau vendues à 96. Mme Hunt lui rendit visite. Il était midi et elle avait manifestement passé la matinée à rassembler son courage pour cette visite. Ils se saluèrent, elle embarrassée et lui courtois et aimable comme d'habitude.

« M. Colwell, vous avez toujours ces obligations, n'est-ce pas ? »

« Pourquoi, oui. »

« Je pense que j'aimerais les reprendre. »

« Certainement, Mme Hunt. Je vais me renseigner sur le prix de vente. » Il convoqua un employé pour obtenir une cotation sur les Manhattan Electric 5s. Le commis téléphona à l'un de leurs spécialistes en obligations et apprit que les obligations pouvaient être achetées à 96½. Il en a fait part à M. Colwell, qui l'a dit à Mme Hunt, en ajoutant : « Vous voyez donc qu'elles sont pratiquement au même niveau que lorsque vous les avez achetées auparavant. »

Elle hésite. « Je... je... Vous ne me les avez pas achetés à 93 ? J'aimerais les racheter au même prix que je vous les ai vendus. »

« Non, Mme Hunt, » dit-il, « je vous les ai achetés à 96. »

« Mais le prix était de 93. » Et elle ajoute, pour corroborer : « Vous ne te souviens pas que c'était dans tous les journaux ? »

« Oui, mais je vous ai rendu exactement la même somme que j'ai reçue de vous, et j'ai fait transférer les obligations sur mon compte. Elles figurent dans nos livres comme m'ayant coûté 96. »

« Mais vous ne pourriez pas me les laisser à 93 ? » insiste-t-elle.

« Je suis vraiment désolé, Mme Hunt, mais je ne vois pas comment je pourrais le faire. Si vous les achetez maintenant sur le marché libre, vous serez exactement dans la même position qu'avant de les vendre, et vous gagnerez beaucoup d'argent, parce qu'ils sont en train de monter. Laissez-moi vous les acheter à 96,5. »

« A 93, vous voulez dire, » avec un sourire hésitant.

« Quel que soit le prix de vente, » a-t-il corrigé, patiemment.

« Pourquoi m'avez-vous laissé les vendre, M. Colwell ? » demanda-t-elle d'un ton plaintif.

« Mais, ma chère madame, si vous les achetez maintenant, vous ne serez pas plus mal lotie que si vous aviez gardé le lot initial. »

« Eh bien, je ne vois pas pourquoi je dois payer 96,5 maintenant pour les mêmes obligations que j'ai vendues mardi dernier à 93. S'il s'agissait d'autres obligations, ajoute-t-elle, cela ne me dérangerait pas autant. »

« Ma chère Mme Hunt, peu importe les obligations que vous détenez. Elles ont toutes augmenté de prix, les vôtres, les miennes et celles de tout le monde ; votre lot était le même que n'importe quel autre lot. Vous le voyez, n'est-ce pas ? »

« Oui, mais... »

« Dans ce cas, vous êtes exactement dans la situation où vous étiez avant d'en acheter. Vous n'avez rien perdu, car vous avez récupéré votre argent intact. »

« Je suis prête à les acheter, » dit-elle résolument, « à 93. »

« Mme Hunt, j'aimerais pouvoir vous les acheter à ce prix. Mais il n'y en a pas à moins de 96,5. »

« Oh, pourquoi vous ai-je laissé vendre mes obligations ? » dit-elle, inconsolable.

« Eh bien, vous vous étiez tellement inquiétée parce qu'ils avaient refusé que... »

« Oui, mais je ne connaissais rien aux affaires. Vous le savez bien, Monsieur Colwell, » conclut-elle, accusatrice.

Il sourit de son air bon enfant. « Dois-je acheter les obligations pour vous ? » demanda-t-il. Il connaissait les plans du syndicat en charge, et comme il était sûr que les obligations progresseraient, il pensait qu'elle pourrait tout aussi bien partager les bénéfices. Au fond, il se sentait désolé pour elle.

Elle lui répond par un sourire. « Oui, » lui dit-elle, « à 93. » Il ne lui semblait pas normal, malgré ses explications, qu'elle doive les payer 96,5 alors qu'il y a quelques jours, le prix était de 93.

« Mais comment puis-je, s'ils sont à 96,5 ? »

« M. Colwell, c'est 93 ou rien. » Elle était presque pâle de son audace. Elle avait vraiment l'impression que le prix n'attendait qu'une chose : qu'elle vende pour avancer. Et même si elle voulait les obligations, elle n'avait pas envie de céder.

« Alors je crains fort qu'il ne s'agisse de rien. »

« Au revoir, M. Colwell, » au bord des larmes.

« Au revoir, Mme Hunt. » Et avant même de s'en rendre compte, oubliant tout ce qui s'était passé auparavant, il ajouta : « Si vous changez d'avis, je serais ravi de... »

« Je sais que je ne paierais pas plus de 93 si je vivais mille ans. » Elle le regarda avec impatience, pour voir s'il s'était repenti, et elle sourit - le sourire de 26 ans qui est le dernier recours d'une femme et qui dit, presque articulé, « Je sais que vous ferez, bien sûr, ce que je vous demande. Ma question n'est qu'une formalité. Je connais votre noblesse et je ne crains rien. » Mais il s'est contenté de la saluer, très poliment.

A la Bourse, le prix de Man. Elec. L. H. & P. Co. 5s a augmenté régulièrement. Mme Hunt, trop indignée pour se sentir larmoyante, a discuté du sujet avec sa cousine Emily et son mari. Emily était très intéressée. Entre elle et Mme Hunt, elles ont forcé le pauvre homme à faire d'étranges aveux et, ignorant délibérément ses faibles protestations, elles se sont efforcées de croire que, s'il était simplement généreux de la part de M. Colwell de laisser les obligations à la veuve de son ami à 93, il était de son devoir évident de les lui laisser à 96,5. Dès qu'ils ont pris cette décision, Mme Hunt a su comment agir. Et plus elle réfléchissait, plus elle s'indignait. Le lendemain matin, elle a appelé l'exécuteur testamentaire et l'ami de son défunt mari.

Son visage portait le regard que l'on voit souvent sur ces âmes ardentes qui pensent que leurs droits sacrés et inaliénables ont été bafoués par le tyran qu'est l'homme, mais qui, en même temps, ont la certitude que l'heure du châtiment est proche.

« Bonjour, M. Colwell. Je suis venue pour savoir exactement ce que vous comptez faire au sujet de mes obligations. » Sa voix donne l'impression qu'elle s'attend à une opposition violente, voire à des propos grossiers, de sa part.

« Bonjour, Mme Hunt. Qu'est-ce que vous voulez dire ? »

Son ignorance affectée accentue les rides de son visage. Au lieu de l'esbroufe, il utilisait la finesse !

« Je pense que vous devriez le savoir, M. Colwell, » dit-elle d'un ton sérieux.

« Eh bien, je ne sais vraiment pas. Je me souviens que vous n'avez pas écouté mes conseils quand je vous ai dit de ne pas vendre, et encore une fois quand je vous ai conseillé de les racheter. »

« Oui, à 96,5, » s'indigne-t-elle.

« Si vous l'aviez fait, vous auriez aujourd'hui un bénéfice de plus de 7 000 dollars. »

« Et à qui la faute si je ne l'ai pas fait ? » Elle attend une réponse. N'en recevant pas, elle continua : « Mais peu importe ; j'ai décidé d'accepter votre offre, » très amèrement, comme si une pauvre veuve ne pouvait pas se permettre de choisir ; « Je prendrai ces obligations à 96,5. » Et elle ajouta, sous sa respiration : « Bien qu'elles devraient être à 93. »

« Mais, Mme Hunt, » dit Colwell, avec un étonnement sans mesure, « vous ne pouvez pas faire cela, vous savez. Vous n'avez pas voulu les acheter quand je l'ai voulu, et je ne peux pas les acheter pour vous maintenant à 96,5. Vraiment, vous devriez vous en rendre compte. »

La cousine Emily et elle avaient passé en revue une douzaine d'entretiens imaginaires avec M. Colwell - plus ou moins orageux - la nuit précédente, et elles avaient, dans un moment de désœuvrement, et non parce qu'elles s'y attendaient vraiment, représenté M. Colwell comme adoptant cette même position. Mme Hunt était donc prête à montrer qu'elle connaissait ses droits moraux et techniques et qu'elle était prête à résister à toute tentative de les ignorer. Elle dit donc, d'une voix si férocement calme qu'elle aurait dû mettre en garde n'importe quel coupable : « M. Colwell, voulez-vous répondre à une question ? »

"Mille si vous le souhaitez, Mme Hunt, avec plaisir. »

« Non, une seule. Avez-vous gardé les obligations que j'ai achetées, oui ou non ? »

« Quelle différence cela fait-il, Mme Hunt ? »

Il a éludé la réponse !

« Oui ou non, s'il vous plaît. Avez-vous, oui ou non, ces mêmes obligations identiques ? »

« Oui, je l'ai fait. Mais... »

« Et à qui appartiennent ces obligations, de droit ? » Elle était encore pâle, mais résolue.

« A moi, certainement. »

« A vous, M. Colwell ? » Elle sourit. Et dans son sourire, il y avait mille sentiments, mais pas de gaieté.

« Oui, Mme Hunt, à moi. »

« Et vous avez l'intention de les garder ? »

« Certainement. »

« Même si je paie 96,5, vous ne me les donnerez pas ? »

« Mme Hunt, » dit Colwell avec chaleur, « quand j'ai pris ces obligations de vos mains à 93, cela représentait une perte sur papier de 3.000 dollars... »

Elle sourit de pitié, de pitié pour le jugement qu'il portait sur elle en la croyant si désespérément stupide.

« Et lorsque vous avez voulu que je vous les revende à 93 après qu'ils soient montés à 96,5, si j'avais fait ce que vous souhaitiez, cela aurait signifié une perte réelle de 3 000 dollars pour moi. »

Elle sourit à nouveau - le même sourire, mais la pitié se mêlait maintenant à une indignation croissante.

« Pour le bien de Harry, j'étais prêt à empocher la première perte, afin que vous ne vous inquiétiez pas. Mais je ne voyais pas pourquoi je devrais vous faire un cadeau de 3 000 dollars, » dit-il, très calmement.

« Je ne t'ai jamais demandé de le faire, » rétorque-t-elle avec véhémence.

« Si vous aviez perdu de l'argent par ma faute, la situation aurait été différente. Mais votre capital initial était intact. Vous n'aviez rien à perdre si vous rachetiez les mêmes obligations pratiquement au même prix. Maintenant, vous venez me demander de vous vendre les obligations à 96,5 qui se vendent sur le marché des 30 à 104, en récompense, je suppose, de votre refus de suivre mes conseils. »

« M. Colwell, vous profitez de ma position pour m'insulter. Et Harry vous faisait tellement confiance ! Mais laissez-moi vous dire que je ne vais pas vous laisser faire comme bon vous semble. Vous aimeriez sans doute que je rentre chez moi et que j'oublie votre comportement à mon égard. Mais je vais consulter un avocat et voir si je peux être traitée de la sorte par un ami de mon mari. Vous avez fait une erreur, M. Colwell. »

« Oui, madame, certainement. Et, pour éviter d'en faire d'autres, vous m'obligerez grandement à ne plus jamais passer à ce bureau. N'hésitez pas à consulter un avocat. Au revoir, madame, » dit l'homme le plus poli de Wall Street.

« Nous verrons bien, » c'est tout ce qu'elle a dit, et elle a quitté la pièce.

Colwell arpentait son bureau nerveusement. Il était rare qu'il se permette de perdre son sang-froid, et il n'aimait pas cela. Le téléscripteur vrombissait avec excitation et, d'un air distrait et à moitié dégoûté, il lui jeta un coup d'œil latéral.

« Man. Elec. 5s, 106,125, » a-t-il lu sur la bande.

La Rupture de l'Essence de Térébenthine

Au début du début, les distillateurs d'essence de térébenthine menèrent la compétition jusqu'au point de dispute. Puis ils portèrent la querelle jusqu'au silence, ce qui était le plus à craindre, car cela signifiait qu'il n'y avait pas de temps à perdre en paroles. Tous perdaient de l'argent, mais chacun espérait que les autres en perdaient davantage, proportionnellement, et qu'ils feraient donc faillite d'autant plus vite. Les survivants pensaient pouvoir continuer à survivre, car ce dont douze mourraient de faim, quatre pouvaient le manger.

On le voit périodiquement aux États-Unis : une industrie apparemment atteinte de manie suicidaire. C'est incompréhensible, inexplicable, même si les médiocres marmonnent : « Surproduction ! » et secouent la tête avec complaisance, fiers d'avoir diagnostiqué le problème. Voici le commerce de la térébenthine, autrefois grand et lucratif, aujourd'hui générateur de ruines ; autrefois moyen de subsistance confortable pour des milliers de personnes, aujourd'hui salaire de plus en plus faible pour un nombre de plus en plus réduit.

C'est M. Alfred Neustadt, banquier dans un célèbre quartier de la térébenthine, qui, le premier, attira l'attention de son beau-frère sur ce spectacle pitoyable. L'âme de M. Jacob Greenbaum a vibré pendant le récital de Neustadt. Il perçoit des possibilités en or qui l'éblouissent : Il décide de créer un « Crédit de Térébenthine. »

Tout d'abord, il a acheté pour une bouchée de pain tous les alambics en faillite, soit sept d'entre eux. Plus tard, dans le cadre de son plan de création de trust, ces mêmes distilleries seraient cédées à la « pieuvre, » à de bons chiffres, comme Greenbaum l'a dit, avec un brin d'autodérision, à son beau-frère. Il s'est ensuite assuré des options sur neuf autres, les usines fatiguées et en fin de vie. De cette manière, il a pu contrôler « "une grande capacité de production » pour une dépense positivement merveilleuse - elle était si petite. De plus, elle était au nom de son beau-frère. Puis la banque Greenbaum, Lazarus & Co. intervint, des complices intéressés, dupés ou contraints de vendre suffisamment d'autres distillateurs pour assurer le succès, cajolèrent les plus têtus, roulèrent les plus crédules, cédèrent gracieusement aux plus astucieux et les rassemblèrent tous dans le giron de la société. L'Entreprise Américaine de Térébenthine fut créée, avec un capital social de 30 000 000 de dollars, soit 300 000 actions à 100 dollars chacune. Les liquidités nécessaires pour payer M. Greenbaum, Neustadt et d'autres qui avaient vendu leurs usines « en partie en espèces et en partie en actions » furent fournies par l'émission de 25 millions de dollars d'obligations à 6 %, souscrites par un syndicat composé de Greenbaum, Lazarus & Co, I. & S. Wechsler, Morris Steinfelder's Sons, Reis & Stern, Kohn,

Fischel & Co, Silberman & Lindheim, Rosenthal, Shaffran & Co. et Zeman Brothers, ainsi que d'autres investisseurs.

Ce sont des hommes qui n'ont jamais « spéculé, » mais qui ont parfois « mené des opérations financières. » Ils avaient des cisailles, pas des toisons.

Le prospectus du « Crédit » était un chef-d'œuvre de persuasion et d'imprécision, de statistiques minces et de généralités séduisantes. En temps voulu, le public a souscrit la majeure partie des 25 millions de dollars d'obligations, et les obligations comme les actions ont été « cotées » à la Bourse de New York, c'est-à-dire qu'elles ont été placées sur la liste des titres que les membres peuvent acheter ou vendre sur le « parquet » de la Bourse.

Les opérations du syndicat, exprimées sous forme de tableau, se sont déroulées comme suit :

Actions autorisées____30 000 000

Obligations autorisées___________________________________25 000 000

____

Total____55 000 000

Valeur réelle du bien_____________________________________12 800 000

____

Aqua Pura____42 200 000

Payé aux propriétaires de 41 distilleries représentant 90% de la production de térébenthine (et 121,36 % de la consommation !) des États-Unis :

Liquidités provenant de la vente d'obligations_______________8 975 983

Obligations____ 000 000

Stock____ 249 800

____

Total____ 225 783

Commission du syndicat, stock_______________________________12 988 500

Conservés dans la trésorerie de la société, non émis_________2 000 000

Charges et escomptes sur obligations, etc.___________________785.717

____

Total____ 000 000

Ces chiffres n'étaient pas destinés à être publiés. Ils disent l'exacte vérité.

Le public ne sait rien de la capacité bénéficiaire de la société, à l'exception de quelques chiffres provisoires tirés du prospectus, qui est une sorte d'évangile financier selon Greenbaum, mais qui ne crée pas d'adeptes fanatiques parmi les investisseurs. L'action, contrairement au navire de Kipling, ne s'était pas trouvée. Elle n'a pas fait ses preuves sur le marché, elle n'est pas aguerrie ; personne ne sait à quel point il faut en dépendre ; c'est pourquoi les banques ne la prennent pas en garantie des prêts et c'est pourquoi la « communauté spéculative » (c'est ainsi que les journaux appellent les joueurs d'actions) n'y touche pas, car en cas de coup dur, elle pourrait s'avérer totalement invendable. Il restait au syndicat à créer un « marché, » à mettre en place une situation telle que n'importe qui, à n'importe quel moment, puisse, sans trop de difficultés et sans provoquer de trop grandes fluctuations, vendre facilement des actions de l'Entreprise Américaine de Térébenthine. Le syndicat devait gagner sa commission.

Tous les fabricants qui avaient reçu des actions en paiement partiel ont reçu de M. Greenbaum l'ordre très clair de ne vendre leurs actions en aucun cas à un prix inférieur à 75 dollars par action. Ne connaissant pas M. Greenbaum, ils se sont empressés de lui promettre solennellement de lui obéir. Ils se sont même permis de penser, après lui avoir parlé, qu'ils recevraient un jour 80 dollars par action pour l'ensemble de leurs avoirs. Cela permettait d'éviter tout « délestage » intempestif de la part des seules personnes qui, en dehors du syndicat, détenaient des actions de la Térébenthine.

M. Greenbaum a pris en charge la conduite du marché de la « Téréb' », comme la bande appelait l'action de l'Entreprise Américaine de Térébenthine. Dans un premier temps, le prix a été majoré au moyen d'ordres « appariés, » c'est-à-dire d'ordres préconçus qui ne sont donc pas des transactions de bonne foi. M. Greenbaum a demandé à l'un de ses courtiers de vendre 1 000 actions de la « Téréb' » à un autre de ses courtiers et, peu après, le second courtier a vendu les mêmes 1 000 actions à un troisième, par arrangement préalable - c'est le processus d'appariement - avec pour résultat que la bande a enregistré des transactions de 2 000 actions. Après que le « matching » ait duré un certain temps, les lecteurs de la bande étaient censés imaginer que l'action était légitimement active et forte - deux faits qui, à leur tour, étaient censés aiguiser l'appétit d'achat. Il était contraire à la règle de la Bourse de « jumeler » les ordres, mais comment obtenir des condamnations ?

Le prix de « Téréb' » commença à 25 et, comme le syndicat possédait toutes les actions sur le marché, il fut facilement manipulé à la hausse jusqu'à 35. Chaque jour, plusieurs milliers d'actions, selon les registres officiels de la Bourse, « changent de mains » - de la droite de Greenbaum à sa gauche et vice-versa - et le prix augmente régulièrement. Mais il manquait quelque chose. La manipulation n'est pas convaincante. Elle ne fait pas grignoter le grand public. Les seuls acheteurs étaient les « room traders, » c'est-à-dire les joueurs professionnels qui étaient membres de la Bourse et spéculaient exclusivement pour eux-mêmes, et les clients des maisons de commissions qui, parce qu'ils étaient tenus de spéculer quotidiennement ou de mourir et parce qu'ils étudiaient assidûment le ruban du téléscripteur, étaient connus sous le nom générique de « tape-worms » (vers de bande). Cette noblesse, à l'intérieur et à l'extérieur de la Bourse, à condition que le ruban, dans son curieux langage, annonce une hausse, achetait n'importe quoi - de l'impudence capitalisée, comme dans le cas de Back Bay Gas, dont les biens ne valaient en fait rien et dont le capital social était de 100 000 000 de dollars, jusqu'aux obligations d'État.

Les négociants en chambre et les magnétophones se sont dit, non sans logique, que la « bande à Greenbaum » possédait toutes les actions et qu'elle devait donc leur trouver un marché, et que le seul moyen d'y parvenir était d'avoir un beau « bull » ou mouvement haussier. Lorsqu'une action monte, monte et monte, les journaux sont remplis d'histoires agréables à son sujet et les agneaux lisent mais ne s'enfuient pas ; ils achètent en supposant que, comme l'action a déjà augmenté de dix points, elle peut encore augmenter de dix points. Cela explique pourquoi ils gagnent tant d'argent à Wall Street - pour les autochtones.

Greenbaum et ses associés étaient des hommes d'affaires exceptionnellement avisés, connaissant parfaitement Wall Street et ses méthodes, prudents mais audacieux, prévoyants mais éminemment dans l'air du temps. Ce sont des financiers pragmatiques. Ils ont augmenté le prix du « Téréb' » de dix points, mais ils n'ont pas réussi à susciter l'intérêt du public pour ce produit de manière à ce que les gens l'achètent. En effet, au bout de trois semaines, pendant lesquelles la « rue » avait été inondée de conseils impressionnants, imprimés et parlés, d'acheter parce que le prix montait, tout ce qu'ils avaient pour leur 40trouble était plus d'actions - 6.000 actions d'Ira D. Keep, un distillateur, qui a vendu à 38 parce qu'il avait besoin d'argent ; et ils ont également été obligés de racheter aux « room traders » à 35 et 36 et plus, les mêmes actions que le « gang » avait vendues à 30 et 31 et 32 et 34. Les manipulateurs devaient ensuite « soutenir » les actions au niveau le plus élevé, c'est-à-dire les empêcher de baisser, ce qui ne pouvait se faire que par des achats continus. En agissant de la sorte, le public pouvait penser qu'il y avait un intérêt considérable dans une action qui était si bien demandée par les gens intelligents qu'elle restait ferme, en dépit de sa hausse substantielle antérieure. Et si quelqu'un voulait du « Téréb', » pourquoi le public ne le voudrait-il pas ? Le public se pose généralement cette question. Elle est de l'ordre du grignotage et réjouit le cœur des pêcheurs financiers.

Toutes les tentatives de vente de « Téréb' » se sont soldées par des échecs. Finalement, il a été décidé de laisser le prix redescendre à un niveau « invitement bas. » C'est ce qui a été fait. Mais le public invité refusait toujours d'acheter. Les efforts visant à encourager les intérêts à court terme à s'étendre jusqu'à atteindre des proportions « compressibles » ont échoué de la même manière. La Bourse avait peur de se lancer dans la vente à découvert d'une action qui était détenue par un si grand nombre de personnes. La philosophie de la vente à découvert est simple ; elle revient en fait à parier que les valeurs vont baisser. L'homme qui vend à découvert vend ce qu'il ne possède pas, mais qu'il espère acheter plus tard à un prix inférieur. Mais comme il doit livrer ce qu'il vend, il l'emprunte à quelqu'un d'autre, en donnant au prêteur une garantie suffisante. La « couverture » ou « rachat » consiste à acheter des actions précédemment vendues à découvert. De toute évidence, il n'est pas judicieux d'être à découvert sur une action détenue par un si petit nombre de personnes qu'il peut être difficile de l'emprunter. La « pression » consiste à avancer le prix afin de forcer la « couverture. » Cela se fait lorsque l'intérêt à court terme est suffisamment important pour que cela en vaille la peine.

Au cours des mois suivants, après une série de fluctuations malencontreuses qui ont donné à « Téréb' » une mauvaise réputation, même pour les noms de Wall Street, malgré des comptes rendus élogieux sur les merveilleuses affaires de la société et après avoir distribué moins de 35 000 actions, les membres du « Skindicate de la térébenthine, » comme on l'appelait populairement, ont reconnu avec tristesse que, bien qu'ils aient habilement organisé le trust et se soient assez bien débrouillés avec les obligations, ils n'étaient certainement pas des manipulateurs au succès retentissant. Au cours des huit mois suivants, ils ont vendu davantage d'actions. Ils n'ont épargné ni la veuve ni l'orphelin. Ils ont même « coincé » leurs amis intimes. Ils avaient vendu pour quelque chose ce qui ne leur avait rien coûté ; il était naturel de vouloir en vendre davantage.

Les manipulateurs d'actions sont nés, ils n'ont pas été fabriqués. L'art est très difficile, car les actions doivent être manipulées de telle manière qu'elles ne paraissent pas manipulées. Tout le monde peut acheter ou vendre des actions. Mais tout le monde ne peut pas vendre des actions tout en donnant l'impression qu'il les achète et que les prix doivent donc inévitablement augmenter. Cela demande de l'audace et un jugement consommé, une connaissance des conditions techniques du marché boursier, une ingéniosité et une agilité mentale infinies, une familiarité absolue avec la nature humaine, une étude minutieuse des curieux phénomènes psychologiques du jeu et une longue expérience avec le public de Wall Street et avec la merveilleuse imagination du peuple américain ; sans parler de la connaissance approfondie des différents courtiers à employer, de leurs capacités, de leurs limites et de leurs tempéraments personnels ; ainsi que de leur prix.

De plus, un mécanisme de manipulation adéquat ne peut être perfectionné qu'au prix de beaucoup de travail, de patience et d'argent. Les professionnels de Wall Street vous diront toujours que « c'est la bande qui raconte l'histoire. » Le petit ruban de papier doit donc être conçu pour raconter les histoires que le manipulateur souhaite voir raconter au public ; il doit produire certains effets qui doivent conserver une apparence de spontanéité séduisante et, surtout, de légitimité et de franchise ; il doit être un grand artiste du mensonge et, en même temps, avoir la superbe confiance en soi d'un grizzly.

Plusieurs membres du syndicat possédaient plusieurs de ces qualités, mais aucun ne les possédait toutes. Il fut décidé de confier les actions du « Téréb' » à Samuel Wimbleton Sharpe, le meilleur manipulateur que Wall Street ait jamais connu. « Jakey Greenbaum déclara qu'il mènerait les négociations avec le grand plongeur. »

Sharpe était un financier indépendant, un flibustier et un libre-penseur. Il avait fait sa première fortune dans les camps miniers de l'Arizona et, trouvant ce domaine trop étroit, il était venu à New York, où il pouvait jouer à sa guise. Il était tout ce qu'un manipulateur idéal devrait être et bien d'autres choses encore. Il était arrivé à New York avec un rictus sur les lèvres et un revolver chargé dans ses mains de financier. Les autres « grands opérateurs » le regardent avec un étonnement peiné. « Je porte mes armes ouvertement, » leur dit Sharpe, « et vous cachez vos dirks. Ne vous faites pas de mal en essayant de paraître honnêtes. Je ne tourne jamais le dos à des gens comme vous. » De cette rencontre est née une hostilité qui ne s'est jamais démentie. Sharpe n'avait rien à vendre à personne, aucune propriété à surcapitaliser et à vendre à un public non discriminé par le biais de mensonges artistiques, ce que ses ennemis ont souvent fait. Ils l'ont donc traité de joueur, avec beaucoup d'amertume, et il les a qualifiés de philanthropes, avec beaucoup de bonne humeur. S'il pensait qu'une action était trop élevée, il la vendait avec confiance, de manière agressive et stupéfiante. S'il pensait qu'une action était trop basse, il l'achetait hardiment, prêt à accepter toutes les offres et à surenchérir. Une fois en marche, il pouvait être temporairement freiné, forcé par l'ennemi à s'arrêter un jour, une semaine ou un mois, mais il arrivait inévitablement. Et quelle arrivée !

Et en tant que manipulateur des valeurs boursières, il n'avait pas son pareil. Lorsqu'il était à la hausse, il faisait grimper les actions de façon si constante, si audacieuse et brillante, mais surtout si convaincante, que les petits parieurs se battaient presque pour être autorisés à les lui reprendre à des prix incroyablement élevés. Et lorsque, au cours d'une de ses magistrales campagnes de baisse, il a jugé bon de « marteler » le marché, les valeurs ont fondu comme par magie - une magie satanique, pensaient les pauvres agneaux. Toutes les actions paraissaient « malades, » semblaient devoir descendre beaucoup plus bas ; des murmures de pires choses à venir étaient dans l'air, vagues, inquiétants, annonciateurs de ruine. L'atmosphère de la 45Street était sursaturée d'appréhension et l'ombre noire de la panique planait sur la Bourse, refroidissant les cœurs des petits parieurs, anéantissant les dernières marges des petits parieurs. Et même les présidents des banques solides et conservatrices étudiaient le téléscripteur avec inquiétude dans leurs bureaux.

Greenbaum fut rapidement admis dans le bureau privé de Sharpe. C'était une pièce à moitié obscure, les fenêtres étant équipées de grillages, été comme hiver, afin que les regards indiscrets de l'autre côté de la rue ne puissent pas voir ses visiteurs ou ses courtiers confidentiels, dont il était souhaitable que l'identité reste inconnue de la rue. Il marchait de long en large dans la pièce, s'arrêtant de temps en temps pour regarder la bande. Le téléscripteur est le seul télescope dont dispose le général des marchés boursiers ; il lui indique ce que font ses forces et comment l'ennemi répond à ses attaques. Chaque centimètre de la bande représente autant de terrain, chaque citation représente autant de coups de feu.

Il y avait quelque chose de félin dans les pas furtifs et silencieux de Sharpe, dans ses moustaches, dans la conformation de son visage - front large et menton triangulé. Dans ses yeux aussi, il y avait quelque chose de tigré - un cœur froid et une curiosité froide, sans mélodrame, lorsqu'ils regardaient M. Jacob Greenbaum. Inconsciemment, le Trust-maker se demanda si les battements de cœur de Sharpe n'étaient pas des tics de téléscripteur, indiquant impassiblement le pouls du marché boursier.

« Bonjour, Greenbaum. »

« Comment allez-vous, M. Sharpe ? » dit le millionnaire, associé principal de la société Greenbaum, Lazarus & Co. « J'espère que vous allez bien ? » Il pencha la tête de côté, les yeux pleins d'un regard caressant, comme pour s'assurer de l'état de santé exact de Sharpe. « Oui, vous devez aller bien. Il y a longtemps que je ne vous ai pas vu aussi beau. »

« Vous n'êtes pas venu ici juste pour me dire ça, Greenbaum, n'est-ce pas ? Comment va votre térébenthine ? Oh ! » - avec un long sifflement – « Je vois. Vous voulez que j'en parle, hein ? » Et il se mit à rire - une sorte de gloussement, de ricanement.

Greenbaum le regarda avec admiration, puis, avec un sourire hésitant, il dit : « Je suis découvert ! »

Presque tous les Américains peuvent être considérés comme des égaux sur le terrain de l'humour. La plaisanterie dans les affaires de la plus haute importance est un trait de caractère national. De plus, si Sharpe refusait, Greenbaum pourrait traiter toute l'affaire - la proposition et le refus - comme des éléments d'une plaisanterie.

« Alors ? » dit Sharpe, sans humour.

« Quel est le problème avec une pool ? »

« Quelle taille ? » répond-il froidement.

« Jusqu'à la limite. » L'homme de confiance sourit à nouveau, incertain.

« Vous n'avez pas tout le capital social, j'espère. »

« Eh bien, appelez-le 100 000 actions, » a déclaré Greenbaum, plus incertain et moins jovial.

« Qui en fera partie à part vous ? »

« Oh, vous savez ; la même vieille foule. »

« Oh, je sais, » imita M. Sharpe avec mépris, « la même vieille foule. Vous auriez dû venir me voir avant ; il faudra quelque chose pour surmonter vos propres réputations. Combien chacun prendra-t-il ? »

« Nous réglerons cela sans problème si vous prenez le contrôle, » a répondu Greenbaum en riant. « Nous avons plus de 100 000 actions et nous préférerions que quelqu'un d'autre en détienne une partie. Nous ne sommes pas des porcs. Nous ne sommes pas des porcs. Ha ! »

« Mais les distillateurs ? »

« Ils sont dans la piscine. J'ai la plupart de leur stock dans mon bureau. Je veillerai à ce qu'elles ne sortent pas avant que je ne le dise. »

Il y eut une pause. Entre les sourcils de Sharpe se dessinent deux lignes profondes. Enfin, il dit :

« Amenez vos amis ici, cet après-midi. Au revoir, Greenbaum. Et, je dis, Greenbaum. »

« Oui ? »

« Il n'y a pas d'entourloupe à aucun moment de la partie. »

« A quoi bon dire de telles choses, M. Sharpe ? » dit-il avec un froncement de sourcils expérimental.

« C'est pour que vous n'en essayiez pas. Venez à quatre heures, » et M. Sharpe se mit à arpenter la pièce de long en large. Greenbaum hésita, les sourcils encore hésitants, mais il ne dit rien et sortit enfin.

Sharpe regarde la bande. « Téréb' » était à 29,25.

Il reprit sa marche agitée d'avant en arrière. Ce n'est que lorsque le marché « allait contre lui » que M. Sharpe n'arpentait pas la pièce à la manière mécanique d'un animal de ménagerie, jetant des coups d'œil partout mais ne voyant rien. Lorsque quelque chose d'inattendu se produisait sur le marché, M. Sharpe restait immobile à côté du téléscripteur, car ses nerfs surmenés étaient tendus, comme un tigre dans la cage duquel entre un animal étrange et comestible.

À la minute quatre, M. Sharpe a été appelé par les associés principaux des sociétés Greenbaum, Lazarus & Co, I. & S. Wechsler, Morris Steinfelder's Sons, Reis & Stern, Kohn, Fischel & Co, Silberman & Lindheim, Rosenthal, Shaffran & Co, et Zeman Bros.

Ils sont introduits non pas dans le bureau privé, mais dans une pièce somptueusement meublée, dont les murs sont recouverts de superbes peintures à l'huile représentant des chevaux et des courses hippiques. Les visiteurs s'installent autour d'une longue table en chêne.

M. Sharpe est apparu sur le seuil.

« Comment allez-vous, messieurs ? Ne bougez pas, s'il vous plaît, ne bougez pas. » Il ne fit aucun geste pour serrer la main de l'un d'entre eux, mais Greenbaum s'approcha de lui et tendit résolument sa grosse dextre, que Sharpe prit. Puis Greenbaum s'assit et dit : « Nous sommes là, » et sourit, d'un air impassible.

Sharpe se tenait à la tête de la table polie et brillante, et jetait un regard lent sur la double rangée de visages en alerte. Son regard se posa une fraction de minute sur les yeux de chaque homme - un regard acéré, à moitié méprisant, presque menaçant, qui mit les plus âgés mal à l'aise et les plus jeunes pleins de ressentiment.

« Greenbaum m'a dit que vous souhaitiez mettre en commun votre stock de térébenthine et me demander de le commercialiser pour vous. »

Tous acquiescent, quelques-uns disent « oui, » l'un d'eux - Lindheim, aetat 27 - dit avec désinvolture : « C'est ça. »

« Très bien. Quelle sera la proportion de chaque homme ? »

« J'ai une liste ici, Sharpe, » dit Greenbaum. Il a intentionnellement omis le « M. » pour faire de l'effet à ses collègues. Sharpe l'a remarqué, mais n'y a pas fait attention.

Sharpe a lu à haute voix :

Greenbaum, Lazarus & Co______________________38 000 actions.

I. & S. Wechsler______________________14 000 actions.

Les fils de Morris Steinfelder______________________14 000 actions.

Reis & Stern______________________11 000 actions.

Kohn, Fischel & Co______________________10 000 actions.

Silberman & Lindheim______________________9 000 actions.

Rosenthal, Shaffran & Co______________________9 800 actions.

Zeman Bros______________________8 600 actions.

____

Total______________________114 400 actions.

« C'est exact, messieurs ? » a demandé Sharpe.

Greenbaum hoche la tête et sourit affablement, comme il sied au détenteur du plus grand bloc. Certains dirent « oui, » d'autres « c'est exact. » Le jeune Lindheim dit : « Voilà quoi. » Les fondateurs de l'entreprise - son oncle et son père - étaient morts, et il avait hérité de l'ensemble de l'entreprise de ces deux-là. Sa désinvolture n'était héritée d'aucun d'entre eux.

« Il est entendu, » dit lentement Sharpe, « que j'ai l'entière responsabilité de la pool et que je conduirai les opérations comme je l'entends. Je ne veux ni conseils ni questions. S'il y a des demandes à faire, je les ferai. Si ma façon de faire ne vous convient pas, nous mettrons fin à l'accord sur-le-champ, car c'est ma seule façon de faire. Je connais mes affaires, et si vous connaissez les vôtres, vous vous tairez dans ce bureau et en dehors. »

Personne n'a rien dit, pas même Lindheim.

« Chacun d'entre vous continuera à détenir le stock pour lequel il a accepté de rester dans la pool. Vous l'avez depuis un an sans pouvoir le vendre, et vous pouvez le garder encore quelques semaines, jusqu'à ce que je le vende pour vous. Il doit pouvoir être appelé à la minute près. J'ai étudié les affaires de la société et je pense que les actions peuvent facilement se vendre à 75 ou 80. »

Ces huit spéculateurs endurcis ont poussé un cri de stupeur. Puis Greenbaum sourit, en connaissance de cause, comme s'il s'agissait de son programme, mémorisé et prononcé par Sharpe.

« Il est également entendu, » poursuivit Sharpe, très calmement, « qu'aucun d'entre vous n'a d'autres actions à vendre à quelque prix que ce soit, à l'exception de sa part dans ce pool, et cette part, bien sûr, ne doit pas être vendue, sauf par moi. » Personne ne dit un mot, et il continua :

« Mon bénéfice sera de 25 % des gains de la cagnotte, calculés sur la base d'une mise de 29 %. Le reste des bénéfices sera réparti au prorata entre vous ; les dépenses nécessaires seront partagées de la même manière. Je pense que c'est tout.

Et, messieurs, pas de déchargement à la sauvette, pas une seule part. »

« Je veux que vous compreniez, M. Sharpe, que nous n'avons pas l'habitude de... » commença Greenbaum avec une dignité de façade. Il estime qu'il est de son devoir de faire des remontrances à ses collègues.

« Oh, ce n'est pas grave, Greenbaum. Je vous connais. C'est pour cela que je suis particulier. Nous sommes tous à Wall Street depuis plus d'un mois ou deux. » J'ai simplement dit : « Pas de magouilles. Et, Greenbaum, » ajouta-t-il, très distinctement, tandis que ses yeux prenaient cet air curieux, froid et menaçant, « je le pense vraiment, jusqu'au moindre mot. Je veux les numéros de tous vos certificats d'actions. Excusez-moi, messieurs. Je suis très occupé. Au revoir. »

C'est ainsi que s'est formée la fameuse piscine de la Térébenthine. Ils pensaient qu'il aurait pu être plus gentil, plus diplomate ; mais comme ils l'avaient cherché, et non lui, ils s'accommodèrent de ses excentricités. Chaque directeur de piscine avait sa façon de faire, tout comme il existe différentes sortes de piscines.

« Sam n'est pas un mauvais bougre, » leur dit Greenbaum, comme s'il s'excusait des faiblesses d'un ami cher. « Il veut faire croire qu'il est un diable de cynique, mais il n'y a rien à redire. Si vous l'amusez, vous pouvez lui faire faire n'importe quoi. Je le laisse toujours faire. »

Dès le lendemain, l'avancée historique in Térébenthine a commencé. Elle a ouvert à 30. Les spécialistes - les courtiers qui se sont fait une spécialité de la négocier - ont pris 16 000 actions, ce qui a fait grimper le cours à 32,125. Tous ceux qui avaient été « débarqués » avec des actions à des prix plus élevés, et qui l'avaient amèrement regretté depuis, commençaient maintenant à reprendre espoir. Comme jamais auparavant une action n'avait été manipulée avec l'intention de tromper et de faire du mal, Sharpe a manipulé l'action Térébenthine. La cassette racontait les histoires les plus merveilleuses du monde, pas moins merveilleuses parce que totalement fausses. Ainsi, un jour, les principales maisons de commission de la rue étaient les acheteurs, ce qui conduisait inévitablement à parler de « développements importants » ; et le jour suivant, des courtiers identifiés à certains financiers de premier plan prenaient calmement, délibérément, nonchalamment, toutes les offres ; ce qui indiquait clairement que les financiers susmentionnés avaient acquis un « intérêt de contrôle » - la majorité des actions de l'Entreprise Américaine de Térébenthine. Un autre jour, il y a eu une longue série d'achats de lots « bizarres » - des montants inférieurs à 100 actions - par des courtiers qui travaillaient habituellement pour le syndicat Greenbaum, ce qui signifie que des amis du syndicat avaient reçu un « tuyau » directement de « l'intérieur » et achetaient à des fins d'investissement.

Puis, un beau jour ensoleillé, alors que tout le monde se sentait très bien et que le marché en général était particulièrement ferme, la bande loquace dit aux parieurs professionnels vigilants de Wall Street - oh, si clairement ! - qu'il y avait une « réalisation intérieure » ; elle leur dit, presque en articulant, que les personnes les plus familières avec la propriété étaient en train de se décharger. Sharpe vendait, avec une maladresse délibérée, des actions qu'il avait été forcé d'accumuler au cours de ses manipulations haussières - car pour faire monter les prix, il avait dû acheter beaucoup - et il ne répugnait pas à donner des impressions qui auraient pu conduire à la création d'un intérêt à court terme, suffisamment important pour qu'il soit rentable de « presser. » Il avait trop de compagnie du côté des haussiers. Et bien sûr, les parieurs professionnels ont dit : « Aha ! Ils en ont fini avec ça. Le mouvement est terminé » et ils ont vendu de la « Téréb' » à découvert en toute confiance, car une action sans valeur n'avait rien à faire à 46 dollars. Le cours s'est redressé et ils ont vendu davantage le lendemain. Mais voilà que le lendemain, le membre du conseil d'administration d'une maison très conservatrice s'est joint à la foule de la « Téréb' » et l'a achetée - il n'a pas du tout « enchéri » le prix, mais a acheté et acheté jusqu'à ce qu'il ait accumulé 20 000 actions, et les ours ont commencé à paniquer, et des rumeurs d'un dividende proche ont commencé à circuler, et les ours ont couvert leurs shorts à perte et sont devenus « longs » - ils ont acheté 55 dans l'espoir d'une nouvelle hausse - et l'action a clôturé à 52.

Et Sharpe a considérablement réduit la quantité d'actions de « Téréb' » qu'il avait été obligé de prendre à des fins de manipulation. Jusqu'à présent, il achetait plus qu'il ne vendait. Plus tard, il vendra plus qu'il n'achète. Lorsque la demande est supérieure à l'offre vendable, le prix augmente évidemment ; lorsque l'offre vendable est supérieure à la demande, il en résulte une baisse. Mais le prix de vente moyen d'une grande ligne peut être suffisamment élevé pour que l'opération soit rentable, même si une baisse se produit au cours de la vente.

Pendant une semaine, la « Téréb' » s'est reposé, puis il a recommencé à monter. A 56 et 58 ans, il est devenu le titre le plus actif de toute la liste. Tout le monde en parle. Les journaux commencèrent à publier des déclarations sur les gains extraordinaires de la société, et la rue commença à penser que, comme d'autres « crédits, » l'Entreprise Américaine de Térébenthine devait être une entreprise très prospère. À cette époque, la société a pris l'habitude d'augmenter ses prix d'une fraction de cent par gallon chaque semaine, afin que les journaux puissent parler de l'essor du commerce de la térébenthine.

A 60 ans, la rue a pensé qu'il devait y avoir quelque chose derrière ce mouvement, car aucune manipulation ne pouvait faire monter le prix de 30 points en un mois, ce qui montre à quel point Sharpe était un artiste merveilleux. Les gens commencèrent à regarder avec curiosité, admiration, envie et bien d'autres choses encore « Jakey » Greenbaum et ses complices, et à les accuser d'avoir intentionnellement maintenu le prix de l'action à la baisse pendant un an afin de « geler » les pauvres actionnaires non avertis et de « fatiguer » certains des premiers acheteurs, parce que « Téréb' » étant « une bonne chose, » Greenbaum et consorts voulaient tout avoir pour eux. Greenbaum et consorts sourirent d'un air coupable et ne dirent rien, bien que Jakey clignât de l'œil de temps à autre lorsqu'ils lui en parlaient ; le vieil Isidore Wechsler prit un air de Napoléon III, d'une astuce diabolique ; « Bob » Lindheim devint presque digne ; le petit myope Morris Steinfelder prit 15 livres et Rosenthal cessa de taper dans le dos de tout le monde, et invita muettement tout le monde à lui taper dans le dos.

Sharpe envoya alors chercher « Jakey » et, le lendemain, le jeune « Eddie » Lazarus offrit, d'un air effronté, de parier 10 000 dollars contre 5 000 dollars qu'un dividende sur les actions de « Téréb' » serait déclaré au cours de l'année. Les journaux se mirent alors à deviner le montant et la date du dividende qui serait versé, et divers chiffres furent mentionnés dans la salle du conseil par des courtiers qui confiaient à leurs auditeurs qu'ils avaient « obtenu ce dividende de l'intérieur. » Et deux jours plus tard, les courtiers insoupçonnés de Sharpe offrirent de payer 1,75 pour cent pour le dividende de 100.000 actions, ledit dividende devant être déclaré dans les soixante jours ou l'argent confisqué. Les actions se sont vendues jusqu'à 66,75, et le public les a réclamées. Un grand marché s'est créé, où l'on peut acheter ou vendre facilement des dizaines de milliers d'actions. Les 114 400 actions qui, au début du mouvement, au prix invendable de 30 dollars l'action, représentaient un montant théorique de 3 432 000 dollars, maintenant facilement vendables à 65 dollars l'action, représentaient 7 422 000 dollars, ce qui n'est pas si mal pour quelques semaines de travail.

Et pourtant, Sharpe, en homme merveilleux qu'il était, ne donnait aucun signe qu'il était sur le point de commencer à décharger. C'est alors que les autres membres du pool commencèrent à souhaiter qu'il ne soit pas aussi gourmand. Ils étaient satisfaits d'abandonner, disaient-ils. La présence des actions du pool dans leurs bureaux commençait à les irriter. Ils connaissaient les vicissitudes de la vie, les incertitudes de la politique et du marché boursier. Supposons qu'un anarchiste fou fasse sauter le Président des Etats-Unis ou que l'Empereur d'Allemagne insulte sa grand-mère, le marché se « casserait la figure et leurs 4.000.000 de dollars de bénéfices sur papier disparaîtraient. Ils implorèrent, individuellement et collectivement, M. Jacob Greenbaum d'appeler Sharpe ; et Greenbaum, faisant fi d'une petite voix qui le mettait en garde, se rendit au bureau de Sharpe, en ressortit deux minutes plus tard, quelque peu rougi, et assura à ses collègues, l'un après l'autre, que Sharpe allait bien, et qu'il semblait connaître son métier. Et qu'il était de mauvaise humeur ce jour-là. Il l'était toujours, ajouta Greenbaum avec indulgence, lorsque l'un de ses chevaux perdait une course.

Le stock a fluctué entre 60 et 65. Elle semble connaître une période de repos. Mais comme elle avait bénéficié de ces périodes de repos à trois reprises pendant la hausse - à 40, 48 et 56 - le public devint d'autant plus désireux de l'acheter chaque fois qu'elle tombait à 60 ou 59, car la rue était maintenant pleine de conseils selon lesquels « Téréb' » irait au pair. Le tempérament spéculatif du public et le bon travail de M. Sharpe étaient tels que les observateurs désintéressés étaient convaincus que l'action se vendrait certainement au-dessus de 90 au minimum. M. Sharpe continue d'acheter et de vendre, mais il vend deux fois plus qu'il n'achète, et le gros bloc qu'il a été obligé de prendre au cours de ses manipulations diminue. Le lendemain, il espérait commencer à vendre les actions du pool.

Le jour même, M. Greenbaum, en rentrant à son bureau après son déjeuner, se sentit satisfait de son repas, et donc de lui-même, et donc de tout. Il parcourut un ou deux mètres de la bande et sourit. « Téréb' » était certainement très actif et très fort.

« Dans un tel marché, pensait M. Greenbaum, Sharpe ne peut pas savoir qu'il reçoit des actions de ma part. Pour être sûr, je vais lui laisser quelques milliers d'actions. Ainsi, en cas de problème, j'aurais une longueur d'avance. Ike ! » dit-il à un employé.

« Oui, monsieur. »

« Vendez-en deux - attendez ; faites-en 3 000 - non, peu importe. Faites venir M. Ed Lazarus. » Et il se dit, avec un petit frisson de plaisir : « Je peux tout aussi bien ne pas vendre 5 000 actions. »

« Eddie, » dit-il au fils de son associé, « donne l'ordre à certains négociants, disons à Willie Schiff, de vendre cinq ou six actions de térébenthine et d'emprunter les actions. Je ne vends pas une action, vous voyez ? » avec un clin d'œil. « C'est une vente à découvert de sa part, vous comprenez ? »

« Et moi ? Eh bien, je suppose. Je vais arranger ça, d'accord, » dit le jeune Lazare, avec complaisance. Il pensait couvrir les traces de Greenbaum si bien qu'il tromperait tout le monde, y compris cet homme si désagréable, Samuel Wimbleton Sharpe. Le jeune homme se sentait si sûr de lui, si exalté, que lorsqu'il donna l'ordre à son ami et camarade de club, Willie Schiff, celui-ci le porta à 10 000 actions. L'abus de confiance de Greenbaum était passé d'un lot relativement petit de 2 000 actions à cinq fois ce montant. Il s'agissait, selon toute apparence, d'actions à découvert, et elles furent dûment « empruntées » par le jeune Schiff. Il était souhaitable qu'il en soit ainsi. Tout d'abord, aucun membre du pool ne pouvait fournir les actions qu'il détenait, car Sharpe pouvait retracer la vente jusqu'au bureau, puisqu'il possédait les numéros des certificats d'actions. De plus, la vente à découvert n'a pas l'effet affaiblissant de la vente à long terme. Lorsque des actions sont vendues à découvert, il est évident que, tôt ou tard, le vendeur devra les racheter ; autrement dit, une demande future pour ces actions est assurée par cette source, si ce n'est par aucune autre. En revanche, les actions longues sont celles qui sont effectivement détenues par quelqu'un.

Isidore Wechsler, qui détenait 14 000 actions, souffrait d'un mauvais foie le jour même où Greenbaum ne souffrait de rien du tout, pas même d'une conscience. Une célèbre collection d'art allait être vendue aux enchères cette semaine-là, et il était certain que son vulgaire ami, « Abe » Wolff, achèterait quelques Troyons d'une qualité exceptionnelle et un Corot de renommée mondiale, simplement pour faire parler de lui dans les journaux.

« Téréb', 62,875, » a déclaré son neveu, qui se tenait près du téléscripteur.

C'est alors que le vieux Wechsler eut une idée. S'il vendait 2 000 actions de Térébenthine à 62 ou 63, il aurait de quoi acheter les dix meilleures toiles de la collection. Son nom - et les sommes payées - orneraient les colonnes des journaux. Qu'est-ce que 3 000 actions, ou même 4 000, alors que Sharpe avait créé un marché si vaste et si important pour les actions ?

« Je ferais aussi bien d'en faire 5.000 actions, car on ne sait pas ce qui pourrait arriver si Sharpe dépassait les limites du marché. Je construirai une nouvelle écurie à Westhurst » - sa maison de campagne – « et je l'appellerai, » se dit le vieux Wechsler, de sa manière particulière et facétieuse si connue à Wall Street, « l'Hôtel du Cheval de Térébenthine, en l'honneur de Sharpe. » C'est ainsi que ses 5 000 actions furent vendues par E. Halford, qui avait reçu l'ordre de Herzog, Wertheim & Co. qui l'avait reçu de Wechsler. Il s'agissait bien sûr d'une vente à découvert.

Manquement total à la foi, 15 000 actions.

Or, ce soir-là, la très belle épouse de Bob Lindheim voulait un collier, et le voulait tout de suite ; elle voulait aussi des diamants de la taille d'un filbert. Elle avait entendu son mari parler en termes élogieux de la magistrale manipulation de l'essence de térébenthine par Sam Sharpe, et elle savait qu'il était « dans le coup. » Elle lisait les journaux et suivait toujours le marché boursier avec diligence, car Bob, jeune et aimant, lui donnait de temps en temps une part de ses transactions boursières, et elle avait appris à calculer elle-même ses profits « papier » ou théoriques, lorsqu'il y en avait, de sorte que Bob n'aurait pas pu « se tromper » s'il l'avait voulu. Ce soir-là, elle lui avait préparé des statistiques montrant combien il avait gagné, et elle voulait ce collier. Elle le désirait depuis des mois. Il ne coûtait que 17 000 dollars. Mais il y avait aussi un beau bracelet, des diamants et des rubis, et...

Lindheim, et c'est tout à son honneur, l'a réprimandée et lui a dit : « Attends que la pool se rende compte, ma chérie. Je ne sais pas à quel prix, car Sharpe ne dit rien. Mais je sais que nous gagnerons tous beaucoup d'argent, et toi aussi. Je te donne 500 actions à 30. Voilà ! »

« Mais je le veux maintenant ! » protesta-t-elle en faisant la moue. Elle était certainement belle, et quand elle faisait la moue, avec ses lèvres rouges et riches...

« Attendez une semaine, ma chère, » l'exhorte-t-il néanmoins.

« Prêtez-moi l'argent maintenant, et je vous le rembourserai quand vous m'aurez donné ce que j'ai gagné sur l'affaire, » dit-elle avec une belle fermeté. Voyant l'hésitation sur le visage de Bob, elle ajouta, solennelle : « Honnêtement, je le ferai, Bob. Je te rembourserai jusqu'au dernier centime, cette fois. »

« Je vais y réfléchir, » dit Bob. Il disait toujours cela lorsqu'il avait capitulé, et elle le savait, aussi dit-elle, magnanime : « Très bien, mon cher. »

Lindheim pensait que 1 000 actions suffiraient, et il décida donc d'en vendre un millier le lendemain, car on ne peut jamais savoir ce qui peut arriver, et les accidents aident rarement les taureaux. Mais en y réfléchissant dans son bureau, plus calmement, plus délibérément, loin de sa femme et de l'influence qu'elle exerçait sur lui, il lui apparut clairement que c'était une erreur de vendre 1.000 actions de la Térébenthine. Il pouvait tout aussi bien ne pas en vendre 2 500, et c'est ce qu'il fit. C'était un homme modeste et très jeune. Le cousin de sa femme a vendu les actions pour lui, apparemment à découvert.

Manquement total à la foi, 17 500 actions. Le marché l'a bien supporté. Sharpe était certainement un homme merveilleux.

Malheureusement, Morris Steinfelder Jr. a décidé de vendre 1 500 « Téréb', » ce qu'il a fait. L'action a en fait augmenté d'un demi-point à la suite de ces ventes. Il en a donc vendu 1 500 autres et, en guise d'adieu, 500 actions supplémentaires. Tout cela par l'intermédiaire d'un courtier insoupçonné.

Manquement total à la foi, 21 000 actions. Le marché n'a été que légèrement affecté.

Puis Louis Reis de Reis & Stern, « Andy » Fischel de Kohn, Fischel & Co, Hugo Zeman de Zeman Bros et « Joe » Shaffran de Rosenthal, Shaffran & Co ont tous pensé qu'ils pouvaient rompre leurs engagements envers Sharpe en toute impunité, et chacun a vendu, par sécurité. Ce dernier groupe s'est constitué comme suit :

Les ventes envisagées pour la première fois. Période d'hésitation. Ventes effectives.

Actions. Minutes. Actions.

Louis   Reis______1 500__________3___________________________2 600

Andy   Fischel____2 000_________15_______________________5 000

Hugo   Zeman____1 000_________0_________________________1 000

Joe Shaffran_____500__________1,75_________________________1 800

Manquement total à la foi____________________________31 400 actions.

Le marché ne l'a pas bien pris. Sharpe, cherchant à réaliser le reste de ses achats manipulateurs, s'aperçoit que « quelqu'un l'avait précédé. »

Une liste précise des acheteurs et des vendeurs était envoyée chaque jour par ses lieutenants, car tous les opérateurs, sauf les plus habiles, se trahissent invariablement lorsqu'ils tentent de vendre un gros bloc d'actions. Il l'a parcouru très attentivement et a fait le rapprochement entre deux et deux ; il a fait certaines recherches et a fait le rapprochement entre quatre et quatre - quatre noms et quatre autres noms. Il a vu clair dans l'artifice usé par le temps de la vente à découvert fictive. Il savait que les seules personnes qui oseraient vendre une telle quantité devaient être ses collègues. Il était également convaincu que leur manquement à la foi n'était pas un effort concerté, car s'ils avaient discuté de la question, ils auraient vendu une plus petite quantité. Il savait où se trouvait presque chaque action. C'était son métier de savoir tout ce qu'il y avait à savoir.

« Deux, » dit-il à son secrétaire, « peuvent jouer à ce jeu. » Et il commença à jouer.

Par des achats apparemment irréfléchis, il a fait grimper l'action en flèche : 63, 64, 65, 66, quatre points en quelques minutes. Le parquet de la Bourse était le théâtre de l'excitation la plus folle. Le marché - pourquoi, le marché était tout simplement de la térébenthine. Tout le monde l'achetait et tout le monde se demandait jusqu'où il allait monter, y compris Greenbaum et les autres sept. Il semblait que l'action avait repris sa marche triomphale vers le pair.

Sharpe a alors appelé toutes les actions que ses courtiers prêtaient aux shorts, et il a lui-même commencé à les emprunter. Ceci, ajouté aux exigences légitimes des grands intérêts à découvert, a créé une demande tellement supérieure à l'offre que la Térébenthine a prêté à un soixante-quatrième, à un trente-deuxième, à un huitième, et finalement à un quart de prime pendant la nuit. Cela signifiait que les shorts devaient soit couvrir, soit payer 25 dollars par jour pour l'utilisation de chaque centaine d'actions qu'ils avaient empruntées. Sur les 31 400 actions que le syndicat empruntait, cela représentait une dépense de près de 8 000 dollars par jour ; de plus, le prix de l'action augmentait. Les vendeurs à découvert perdaient des milliers de dollars par minute. Il était impossible de dire où la fin se situerait, mais elle s'annonçait certainement orageuse tant pour les shorts réels que pour les shorts fictifs.

M. Sharpe a envoyé un message péremptoire à Greenbaum, Lazarus & Co, I. & M. Wechsler, Morris Steinfelder's Sons, Reis & Stern, Kohn, Fischel & Co, Silberman & Lindheim,

Rosenthal, Shaffran & Co et Zeman Bros. Le message était le même pour tous :

« Envoyez-moi immédiatement tout votre stock de térébenthine ! »

La consternation et la consternation, mais aussi l'admiration et l'autosatisfaction, se sont manifestées parmi les destinataires du message. Ils allaient devoir racheter sur le marché libre les actions qu'ils avaient vendues quelques jours auparavant. Cela signifiait des pertes d'un quart de million sur les transactions trahies, mais la pool « pouvait gagner » des sommes tout simplement fabuleuses, si M. Sharpe faisait son devoir.

Il y avait quelques gros blocs d'actions à vendre à 66, mais les courtiers de Sharpe se sont précipités sur les chiffres avec une ardeur irrésistible, en poussant des cris d'allégresse. Les véritables intérêts à court terme étaient tout simplement affolés, et en plus de tout cela, il y eut des ordres d'achat pour un total de 31 400 actions - des ordres de MM. Greenbaum, Wechsler, Lindheim, Steinfelder, Reis, Fischel, Shaffran, et Zeman. L'action a augmenté de façon spectaculaire à la suite de leur achat : 4 000 actions à 66 ; 2 200 à 66,375 ; 700 à 67,625 ; 1 200 à 68 ; 3 200 à 69,5 ; 2 000 à 70 ; 5 700 à 70,5 ; 1 200 à 72. Total, 31.400 actions achetées par le « Skindicate. » Total, 31 400 actions vendues par Samuel Wimbleton Sharpe à ses propres associés dans la grande pool de la térébenthine. Au total, il a trouvé des acheteurs pour 41 700 actions ce jour-là, mais il a fallu acheter exactement 21 100 actions pour « écraser les shorts » plus tôt dans la journée, et il détenait en outre 17 800 actions acquises au cours de sa manipulation haussière, qui n'avaient pas été vendues lorsqu'il a découvert le manquement à la foi, de sorte qu'à la clôture de la journée, il s'est retrouvé non seulement sans une action achetée par manipulation, mais aussi « à découvert » pour son compte personnel de 2 800 actions.

Les journaux publient des récits pittoresques du « Grand Jour de la Térébenthine. » Une clique puissante, disaient-ils, possédait une telle quantité d'actions - l'avait « accaparée » - qu'elle pouvait facilement faire monter le prix jusqu'à n'importe quel chiffre. Ils parlaient d'une « pression mémorable. » On laissait également entendre que M. Sharpe avait été du mauvais côté du marché, et un journal donnait une foule de détails et de statistiques en caractères gras pour prouver que le rusé meneur d'ours avait été pris à court de 75 000 actions, et qu'il s'était couvert en perdant 1 500 000 dollars. Un journaliste dont les relations avec Sharpe étaient intimes lui demanda, très négligemment : « Qu'est-ce qui a bien pu causer la hausse de la térébenthine ? » et Sharpe répondit : « Je n'en suis pas certain, mais j'imagine que c'est à cause des achats à l'intérieur de l'entreprise. »

Le lendemain, le deuxième chapitre de la grande affaire de la térébenthine s'est déroulé. M. Sharpe, ayant reçu les 114 400 actions du pool, les a divisées en trois lots, 40 000 actions, 50 000 actions et 24 400 actions. Le marché s'était maintenu à un niveau relativement élevé, mais les négociants en chambre aux yeux de lynx n'ont pas perçu le « soutien » habituel du « Téréb' » et ont commencé à le vendre pour s'en assurer. Il y a eu suffisamment d'achats à la commission et de couvertures à découvert tardives pour maintenir le cours à un niveau modérément stable. Puis les négociants en chambre redoublèrent d'efforts pour le faire baisser, en vendant plus qu'il n'y avait d'ordres d'achat, et aussi en le vendant moins cher que ne le justifiait la demande légitime pour le titre. L'une des astuces favorites consistait à proposer de vendre des milliers d'actions à un prix inférieur à celui que les gens étaient prêts à payer, afin d'effrayer les détenteurs timides et de les inciter à vendre, ce qui, à son tour, incitait d'autres personnes à vendre, jusqu'à ce que le mouvement devienne suffisamment général pour entraîner une baisse substantielle.

Peu à peu, le prix a commencé à baisser. Il ne manquait plus qu'un leader. C'est alors que M. Sharpe prend le premier lot de titres mis en commun, 40 000 actions, et le lance à corps perdu sur le marché. L'impact fut terrible, l'exécution épouvantable. Le marché s'est emballé. L'action, qui, après avoir été vendue jusqu'à 72,75, avait « clôturé » la veille à 71,875, a chuté de 20 points et a clôturé à 54. Les journaux ont dit que le coin était « cassé, » que la « pression » était terminé. Des centaines de personnes ont mal dormi cette nuit-là. Certains n'ont pas dormi du tout.

Le lendemain, il a tiré à la volée 50.000 actions supplémentaires sur le marché. L'action s'effondre à 41,25. Une telle rupture est presque sans précédent.

The Street s'est demandé si elle n'était pas à la veille d'un krach qui deviendrait historique dans un quartier dont la chronologie est rythmée par les grands mouvements boursiers.

Greenbaum se précipite dans le bureau de Sharpe. Cette terrible rupture lui a donné le courage de faire n'importe quoi. Un ver de Wall Street se retournera lorsque le marché se comportera mal.

« Qu'est-ce qu'il y a ? » demande-t-il avec colère. « Qu'est-ce que vous faites à Térébenthine ? »

Sharpe le regarde en face, mais sa voix est égale et sans émotion lorsqu'il répond : « Quelqu'un nous a vendus. Je ne sais pas qui. J'aimerais bien le savoir. Je craignais de devoir prendre 100 000 actions de plus, alors j'ai vendu tout ce que j'ai pu. J'ai commercialisé la plupart des actions du pool. S'il n'y avait pas eu le stock que j'ai trouvé autour de 60 et 62, la térébenthine se vendrait à 85 ou 90 aujourd'hui. Revenez la semaine prochaine, Greenbaum, et gardez votre sang-froid. M'avez-vous déjà connu défaillant ? Au revoir, Greenbaum, et n'élevez pas la voix quand vous me parlez. »

« C'est allé trop loin, » dit Greenbaum, furieux. « Vous devez me donner une explication ou, par le Ciel, je vais... »

« Greenbaum, » dit M. Sharpe d'une voix apathique, « ne vous énervez pas. Au revoir, Greenbaum. Soyez vertueux et vous serez heureux. » Et il reprit ses allées et venues de tigre en cage dans son bureau. Comme par magie, le secrétaire privé de M. Sharpe apparut et dit : « Par ici, M. Greenbaum, » et il conduisit l'homme de confiance hébété hors du bureau. A son retour, Sharpe lui dit : « Il n'est pas nécessaire d'accuser ces gens d'abus de confiance. Ils le nieraient. »

Le lendemain, M. Sharpe a simplement versé les 25 000 actions restantes du pool sur le marché, comme on verse de l'eau d'un pichet dans une tasse. Les baissiers n'en ont fait qu'à leur tête. La bande loquace a dit, toujours aussi clairement : « Ce n'est rien d'autre qu'une liquidation interne, d'autant plus dangereuse et inquiétante qu'elle se fait à des chiffres si bas et qu'elle est si urgente dans son caractère. Le ciel seul peut dire où elle aboutira ; et il n'y a pas de communication téléphonique à ce sujet. »

Tout le monde vendait parce que quelqu'un avait lancé une rumeur selon laquelle les tribunaux avaient dissous la société pour violation flagrante de la loi antitrust et qu'un administrateur judiciaire avait été nommé. Après avoir vendu les dernières actions du pool, M. Sharpe a « récupéré » à 22 dollars l'action les 2 800 actions qu'il avait vendues à 72 dollars, soit un bénéfice total de 140 000 dollars sur sa petite « ligne. »

L'action Térébenthine a perdu cinquante points en quinze heures ouvrables. Cela signifiait une diminution de la valeur marchande du capital-actions de la société de 15 000 000 $. La baisse de l'estime de soi de certains membres du pool n'était mesurable qu'en milliards.

Sharpe informa ses associés que le pool avait été entièrement réalisé - c'est-à-dire qu'il avait été vendu - et qu'il serait heureux de les rencontrer à son bureau le lundi - c'était jeudi - à onze heures du matin, lorsqu'il aurait des chèques et une comptabilité prêts pour eux. Il se refusa à Greenbaum, Wechsler, Zeman, Shaffran et autres qui appelaient pour voir ce qui pouvait être fait pour sauver leur réputation du naufrage de la Térébenthine. L'infatigable secrétaire particulier leur dit que M. Sharpe n'était pas en ville. C'était un homme très poli, disait le secrétaire, et un boxeur amateur très compétent.

N'ayant pas trouvé Sharpe, ils organisèrent à la hâte un nouveau pool, de nature autoprotectrice, et envoyèrent des ordres de "soutien". Ils ont été obligés de prendre de grandes quantités d'actions ce jour-là et le lendemain afin d'éviter un effondrement plus important, qui leur aurait porté préjudice dans d'autres directions. Ils se sont retrouvés avec plus de 50.000 actions sur les bras, alors que le prix n'était que de 26 @ 28. Le fait d'essayer de vendre les actions à ce moment-là risquait de déclencher une nouvelle panique sur la térébenthine.

Ils ont rencontré Sharpe lundi. Son discours n'est pas aussi court que d'habitude. Il avait auparavant envoyé à chaque homme une enveloppe contenant un chèque et une déclaration :

« Messieurs et Greenbaum, vous savez tous ce que j'ai fait pour l'essence de térébenthine lors de la remontée. Vers 62, j'ai commencé à trouver des stocks que je n'arrivais pas à justifier. Je savais qu'aucun d'entre vous n'en avait à vendre, bien sûr, puisque vous m'aviez promis vos honorables paroles de ne pas vendre, sauf par mon intermédiaire. Mais le stock continuait à sortir, bien que les vendeurs aient emprunté dessus, comme s'il s'agissait d'un stock à découvert, et j'ai commencé à craindre d'avoir rencontré une offre inépuisable. Dans de telles occasions, il est toujours préférable d'agir rapidement, et c'est ainsi que j'ai vendu notre stock, après avoir fait entrer les vrais shorts. Le prix de vente moyen était de 40. Sans cette vente mystérieuse, il aurait été de 80. Après les commissions et les autres dépenses légitimes du pool, je constate que nous avons gagné neuf points nets, soit 1 029 600 dollars, dont 25 %, soit 250 000 dollars, me reviennent conformément à l'accord. Il est dommage que certaines personnes n'aient pas été assez avisées pour conserver leurs actions pendant 90 ans. Mais je trouve que Wall Street est pleine d'incertitudes - il y a tant de stupidité dans le district. J'espère que vous êtes satisfait. Compte tenu des circonstances, je le suis. Oui, en effet. Bonne journée, messieurs ; et vous aussi, Greenbaum, bonne journée. »

Il n'avait rien de tigré. Il était affable et poli ; ils pouvaient voir qu'il semblait satisfait au point de ronronner. Il les salua d'un signe de tête et entra dans son bureau intérieur.

Ils s'écharpèrent entre eux, prirent courage et essayèrent d'ouvrir la porte de Sharpe, qu'ils trouvèrent fermée à clé. Ils frappèrent avec véhémence et l'omniprésent secrétaire particulier sortit et leur dit que M. Sharpe avait un engagement important et ne pouvait être dérangé, mais qu'il était autorisé à discuter de n'importe quel élément de la déclaration et qu'il était responsable de toutes les pièces justificatives, sous la forme de rapports de courtiers, etc. Ils exprimèrent donc assez modérément leur opinion sur le secrétaire particulier et sur son maître, et sortirent, dépités. Dehors, ils ont comparé leurs notes et, dans un élan d'honnêteté, ils se sont confessés. Puis, de manière assez illogique, ils ont maudit Sharpe. Le pool n'était pas « en avance sur le jeu. » Ils avaient entre les mains tellement plus d'actions qu'ils n'en voulaient qu'ils étaient en réalité de gros perdants !

Et au fur et à mesure que le temps passait, ils ont dû acheter plus de « Téréb', » plus de « Téréb', » et encore plus de « Téréb'. » Ils pensaient pouvoir imiter Sharpe et faire monter irrésistiblement le cours, en tout cas jusqu'à 50. Ils déclarèrent un dividende de 2 pour cent sur les actions. Mais ils n'ont pas réussi à commercialiser la térébenthine. Ils ont essayé encore et encore, et ils ont échoué encore et encore. Et à chaque fois, l'échec s'est aggravé parce qu'ils ont dû prendre plus de stock.

Il est aujourd'hui coté à 16 @ 18. Mais il n'est pas facile à vendre à ce prix, ni d'ailleurs à n'importe quel prix. Des distilleries d'opposition voient le jour dans toutes les régions productrices de térébenthine et les perspectives commerciales sont sombres. Les principaux propriétaires des actions de l'Entreprise Américaine de Térébenthine, qui en détiennent pas moins de 140 000 sur les 300 000 actions invendables, sont le fameux « Skindicate Greenbaum. »

L'Analyste

Gilmartin était encore en train de rire professionnellement de l'histoire drôle de l'acheteur potentiel lorsque le téléphone sur son bureau a sonné. Il dit au client - Hopkins, le fabricant du Connecticut – « Excusez-moi une minute, mon vieux, » dit-il au client, Hopkins, le fabricant du Connecticut.

« Bonjour, qui est à l'appareil ? » dit-il dans le transmetteur. « Oh, comment allez-vous ? Oui, j'étais sorti, c'est vrai ? Dommage, dommage, oui, j'ai eu de la chance d'être sorti, j'aurais pu le savoir ! J'aurais pu m'en douter!-Vous croyez ? Eh bien, alors, vendez les 200 Occidental common- Vous savez mieux que quiconque- Qu'en est-il de Trolley?-Attendez?-Très bien ; comme vous le dites- J'espère que oui-Je n'aime pas perdre, et-Ha ! Ha!- je suppose que oui- Bonjour. »

« C'est de la part de mes courtiers, » explique Gilmartin en raccrochant le combiné. « J'aurais économisé cinq cents dollars si j'avais été ici à dix heures et demie. Ils m'ont appelé pour me conseiller de vendre, et le prix a baissé de plus de trois points. J'aurais pu faire un bénéfice ce matin, mais non, monsieur, pas moi. J'ai dû m'absenter pour acheter du camphre. »

Hopkins est impressionné. Gilmartin s'en rendit compte et poursuivit, avec un air de colère comique qu'il jugeait préférable à l'indifférence : « Ce n'est pas tant l'argent qui me dérange que la malchance qui l'accompagne. Je n'ai pas fait mon marché avec le camphre après tout et j'ai perdu en actions, alors que si j'avais attendu cinq minutes de plus au bureau, j'aurais reçu le message de mes courtiers et j'aurais économisé mes cinq cents dollars. Mon temps coûte cher, n'est-ce pas ? » en secouant la tête.

« Mais vous avez une longueur d'avance, n'est-ce pas ? » demande le client avec intérêt.

« Eh bien, je pense que oui. Environ douze mille. »

C'était plus que ce que Gilmartin avait gagné ; mais comme il avait exagéré, il se sentit immédiatement très bien disposé à l'égard de l'homme du Connecticut.

Hopkins siffla, admiratif. Gilmartin éprouvait une grande tendresse pour lui. La crédulité du client rendait le mensonge insipide. Cela amena un sourire de soulagement subtil sur les lèvres de Gilmartin. C'était un homme de trois ans et demi, au visage et à la voix agréables. Il respirait la santé, le contentement, la propreté et la bonne conscience. L'honnêteté et la bonne humeur brillaient dans ses yeux. Les gens aimaient lui serrer la main. Ses amis parlaient de sa bonne étoile et l'enviaient.

« J'ai acheté ceci hier pour ma femme ; je l'ai pris lors d'une petite affaire à Trolley, » dit-il à Hopkins, en sortant un petit coffret à bijoux de l'un des tiroirs du bureau. Il contenait une bague en diamant, un peu voyante mais manifestement très chère. L'admiration semi-envieuse de Hopkins incita Gilmartin à ajouter, d'un ton aimable : « Que diriez-vous d'un déjeuner

? J'estime avoir droit à un verre de 'fizz' pour oublier ma malchance de ce matin. » Puis, sur un ton exagérément apologétique : « Personne n'aime perdre cinq cents dollars le ventre vide ! »

« Elle sera ravie, bien sûr, » dit Hopkins en pensant à Mme Gilmartin. Mme Hopkins adorait les bijoux.

« C'est la plus belle petite femme qui ait jamais existé. Tout ce qui est à moi est à elle, et ce qui est à elle est à elle. Ha ! Ha ! Mais, » devenant très sérieux, « tout ce que je gagnerai à la bourse, je le mettrai de côté pour elle, à son nom. Elle peut mieux s'en occuper que moi et, en plus, elle y a droit, de toute façon, pour avoir été si gentille avec moi. »

C'est ainsi qu'il racontait qu'il était un bon mari. Il en était si heureux qu'il poursuivit, sincèrement désolé : « Elle rend visite à des amis en Pennsylvanie, sinon je vous inviterais à dîner avec nous. » Et ils sont allés ensemble dans un restaurant à la mode.

Jour après jour, Gilmartin s'obstinait à penser que Maiden Lane était trop loin de Wall Street. Il y eut une semaine au cours de laquelle il aurait pu faire quatre très beaux « tours » s'il s'était trouvé dans le bureau des courtiers. Il était en voyage d'affaires pour sa société et lorsqu'il revint, l'occasion s'était envolée, laissant derrière elle de vives visions de ce qui aurait pu être, ainsi que la conviction que le temps, la marée et le téléscripteur n'attendent pas l'arrivée de l'homme. Au lieu d'acheter et de vendre de la quinine, des baumes et des huiles essentielles pour Maxwell & Kip, courtiers et importateurs de médicaments, il a décidé de se consacrer exclusivement à l'achat et à la vente d'actions et d'obligations. Les horaires étaient faciles, les bénéfices importants. Il gagnera suffisamment pour vivre. Il ne laissera pas la rue lui prendre ce qu'elle lui a donné. C'est là le grand secret : savoir quand arrêter ! Il se contentera d'une somme modérée, judicieusement investie dans des obligations dorées. Et puis, il dira adieu à la rue pour toujours.

La force d'une longue habitude commerciale et la peur indéfinissable des nouvelles entreprises ont, pendant un certain temps, combattu avec succès sa fièvre croissante. Mais un jour, ses courtiers voulurent lui parler pour l'exhorter à vendre toutes ses actions, car ils avaient été informés d'une résolution historique du Congrès. Ils avaient reçu la nouvelle à l'avance d'un client de Washington. D'autres courtiers avaient d'importantes relations dans la capitale et il n'y avait donc pas de temps à perdre. Ils n'osent pas prendre la responsabilité de le vendre sans sa permission. Cinq minutes - cinq éternités ! - se sont écoulées avant qu'ils ne puissent lui parler par téléphone ; et lorsqu'il a donné son ordre de vente, le marché avait perdu cinq ou six points. La nouvelle était « sortie. » Les bulletins des agences de presse étaient dans les bureaux des courtiers et la moitié de Wall Street était au courant. Au lieu d'être parmi les dix premiers vendeurs, Gilmartin était parmi les cent suivants.

Les employés lui ont offert un dîner d'adieu. Tous étaient là, même le chef de bureau pour qui la souscription de deux dollars n'était pas une mince affaire. L'homme qui allait probablement succéder à Gilmartin comme directeur, Jenkins, joua le rôle de toastmaster. Il prononça un discours plein d'esprit qui se termina par un compliment bien tourné. De plus, il semblait sincèrement désolé de dire au revoir à l'homme dont le départ signifiait une promotion - ce qui était le plus beau des compliments. Et les autres commis - le vieux Williamson, depuis longtemps à l'abri de l'ambition, le jeune Hardy, sans cesse piqué par elle, Jameson, d'âge moyen, qui savait qu'il pouvait diriger l'entreprise bien mieux que Gilmartin, et Baldwin, qui ne pensait jamais aux affaires, au bureau ou en dehors - lui dirent tous combien il avait été bon et racontèrent des anecdotes corroborantes qui le firent rougir et qui réjouirent les autres ; et combien ils regrettaient qu'il ne soit plus avec eux, mais combien ils étaient heureux qu'il se débrouille mieux tout seul ; et ils espéraient qu'il ne les « couperait » pas quand il les rencontrerait après être devenu un grand millionnaire. Et Gilmartin sentit son cœur s'attendrir et des sentiments qui n'étaient pas tous de bonheur l'envahirent. Danny, le doyen des garçons de bureau, dont seul le caissier connaissait le nom de famille, se leva et dit, sur le ton de quelqu'un qui parle d'un ami cher qui s'en va : « C'était le meilleur homme de la place. Il a toujours été bien. » Tout le monde se mit à rire, puis Danny poursuivit, en jetant un regard de défi aux autres : « Je travaillerais pour lui pour rien s'il voulait de moi, au lieu de recevoir dix dollars par semaine de n'importe qui d'autre. » Et comme ils riaient de plus belle, il ajouta, fermement : « Oui, je veux bien ! » Ses yeux se remplirent de larmes devant leur incrédulité, qu'il craignait de voir partagée par M. Gilmartin. Mais le maître de cérémonie se leva gravement et dit : « Quel est le problème avec Danny ? » Et tous s'écrièrent à l'unisson : « Il va bien ! » avec une cordialité si sincère que Danny sourit et s'assit, rougissant joyeusement. Et le vieux Jameson, qui savait qu'il pouvait gérer l'affaire bien mieux que Gilmartin, se leva - c'était le dernier orateur - et commença : « Depuis dix ans que je travaille avec Gilmartin, nous avons eu des différends et... eh bien... eh bien... oh, Zut ! » et il s'est dirigé rapidement vers le bout de la table et a serré violemment la main de Gilmartin pendant une bonne minute, sous le regard silencieux de tous les autres.

Gilmartin était impatient d'aller à Wall Street. Mais ce départ le rendait triste. L'ancien Gilmartin qui avait travaillé avec ces hommes n'était plus et le nouveau Gilmartin se sentait désolé. Il n'avait jamais pensé à l'affection qu'ils lui portaient, ni même à l'affection qu'il leur portait. Il leur a dit, très simplement, qu'il n'espérait plus jamais passer des années aussi agréables qu'à l'ancien bureau ; et quant à ses accès de mauvaise humeur - oh, oui, ils n'avaient pas besoin de secouer la tête ; il savait qu'il était souvent irritable - il avait eu de bonnes intentions et il pensait qu'ils lui pardonneraient. S'il devait revivre sa vie, il essaierait vraiment de mériter tout ce qu'ils avaient dit de lui ce soir-là. Et il était très, très désolé de les quitter. « Vraiment désolé, les garçons, vraiment désolé. Vraiment désolé, » termina-t-il maladroitement, avec un sourire mélancolique. Il serra la main de chacun d'entre eux - une poignée forte comme s'il était sur le point de partir pour un voyage dont il ne reviendrait peut-être jamais - et, au fond de lui, il douta à nouveau de la sagesse d'aller à Wall Street. Mais il était trop tard pour reculer.

Ils l'ont escorté jusqu'à sa maison. Ils ont souhaité être à ses côtés jusqu'à la dernière minute.

Tout le monde, dans le milieu de la drogue, semblait penser que Gilmartin était sur le chemin de la fortune. Les vieilles connaissances et les anciens concurrents qu'il rencontrait par hasard dans les tramways ou dans les halls de théâtre lui parlaient toujours comme à un millionnaire en devenir, dans ce qu'ils imaginaient être le jargon correct de Wall Street, pour lui montrer qu'eux aussi connaissaient quelque chose du grand jeu. Mais leurs efforts le faisaient sourire avec un sentiment de supériorité, en même temps que leur admiration pour son intelligence et leur envie bon enfant pour sa chance faisaient tressaillir joyeusement son âme. Parmi ses nouveaux amis de Wall Street, il trouva également de quoi s'amuser. Les autres clients - dont certains étaient très riches - écoutaient ses opinions sur le marché avec autant d'attention que lui, plus tard, estimait qu'il était de son devoir poli d'écouter les leurs. Les courtiers eux-mêmes le traitaient comme un « bon camarade. » Ils l'incitent à négocier souvent - chaque centaine d'actions qu'il achète ou vend représente pour eux 12,50 dollars - et lorsqu'il gagne, ils louent son discernement infaillible. Lorsqu'il perdait, ils l'apaisaient en le réprimandant pour son imprudence - tout comme une mère traite la chute de son enfant de trois ans comme une grande blague afin de le tromper et de le faire rire de son malheur. C'était un bureau moyen avec une clientèle moyenne.

De dix heures à trois heures, ils se tenaient devant le tableau des cotations et regardaient un garçon à l'esprit vif écrire à la craie les variations de prix, que l'un ou l'autre des clients lisait à haute voix sur la bande au fur et à mesure qu'elles arrivaient sur le téléscripteur. Plus les actions montaient, plus les clients devenaient nombreux, attirés en masse dans la rue par les récits de leurs amis qui avaient largement profité de la hausse. Tous gagnaient, car tous achetaient des actions dans un marché haussier. Ils se ressemblaient merveilleusement, ces hommes qui différaient tant par leurs traits, leur teint et leur âge. Pour eux tous, la vie était pleine de joie. Le téléscripteur même sonnait joyeux ; son cliquetis racontait des plaisanteries en or. Gilmartin et les autres clients riaient de bon cœur aux histoires les plus légères, sans même attendre la finalité de la plaisanterie. Parfois, leurs doigts s'agrippaient joyeusement à l'air, comme s'ils sentaient réellement le bon argent que le téléscripteur leur présentait. Ils étaient tous des néophytes au grand jeu, des agneaux qui bêlaient allègrement pour informer le monde qu'ils étaient des loups intelligents et redoutables. Certains d'entre eux avaient subi des pertes occasionnelles, mais celles-ci étaient insignifiantes par rapport à leurs gains.

Lorsque l'effondrement s'est produit, tous étaient fortement engagés du côté des haussiers. C'était une mauvaise chute. Il a été tellement inattendu par les agneaux qu'ils ont tous dit, très gravement, qu'il était arrivé comme un coup de tonnerre dans un ciel clair. Tant qu'elle a duré, c'est-à-dire pendant la tonte du troupeau, elle a été très inconfortable. Ces mêmes boursicoteurs joyeux et gagnants, aux visages radieux, de la semaine précédente, étaient des boursicoteurs effrayés et perdants, aux visages livides, en ce qu'ils ont appelé par la suite le jour de la panique. Il ne s'agissait en fait que d'une chute, plus brutale que d'habitude. Trop d'agneaux avaient trop spéculé. Les négociants en gros de titres - et d'insécurités - détenaient très peu de leurs propres marchandises, les ayant vendues aux agneaux, et voulaient les récupérer maintenant, moins cher. Les yeux des clients, comme aux jours heureux, étaient rivés sur le tableau des cotations. Leurs rêves étaient brutalement brisés ; les chevaux rapides que certains avaient presque achetés rejoignaient les yachts à vapeur que d'autres avaient presque affrétés. Les belles maisons qu'ils avaient construites ont été démolies en un clin d'œil. Et le démolisseur de rêves et d'habitations était le téléscripteur qui, au lieu de plaisanteries dorées, cliquetait maintenant la mort financière.

Ils ne pouvaient détacher leurs yeux du tableau qui se trouvait devant eux. Leur propre ruine, racontée en chiffres lugubres par la petite machine, les fascinait. Certes, le pauvre Gilmartin disait : « J'ai changé d'avis au sujet de Newport. Je crois que je vais passer l'été dans mon propre hôtel de Roof ! » Et il souriait, mais il souriait seul. Wilson, le marchand de produits secs, qui riait si joyeusement aux plaisanteries de tout le monde, observait maintenant, comme sous l'effet d'un charme hypnotique, les lèvres de l'homme qui était assis sur le haut tabouret à côté du téléscripteur et qui annonçait les prix au caissier. De temps à autre, les lèvres de Wilson faisaient de curieuses grimaces, comme s'il se parlait à lui-même. Brown, l'homme mince au visage pâle, était dehors dans le hall, faisant les cent pas. Tout était perdu, y compris l'honneur. Et il avait peur de regarder le téléscripteur, peur d'entendre crier les prix, tout en espérant un miracle ! Gilmartin sortit du bureau, vit Brown et lui dit, avec une bravade maladive : « J'ai tenu aussi longtemps que j'ai pu. Mais ils ont eu mes ducats. Une vie de sportif, ça se mérite, je vous le dis ! » Mais Brown ne l'écouta pas et Gilmartin appuya sur le bouton de l'ascenseur, impatient, en maudissant le retard. Non seulement il avait perdu les profits « papier » qu'il avait accumulés pendant le marché haussier, mais toutes les économies qu'il avait faites pendant des années s'étaient effondrées sous les coups du téléscripteur ce jour-là. C'était la même chose pour tout le monde. Ils n'avaient pas voulu accepter une petite perte au début, mais avaient tenu bon, dans l'espoir d'une reprise qui leur permettrait de « sortir à égalité. » Et les prix avaient baissé et baissé jusqu'à ce que la perte soit si importante qu'il semblait juste de tenir, si nécessaire pendant un an, car tôt ou tard les prix devaient remonter. Mais la crise les a « secoués » et les prix ont baissé parce que beaucoup de gens ont dû vendre, qu'ils le veuillent ou non.

Après l'effondrement, la plupart des clients ont repris leur activité légitime, mais il est à craindre que les hommes ne soient pas beaucoup plus sages. Gilmartin, après le premier choc, a essayé de découvrir de nouvelles opportunités dans le secteur de la drogue. Mais il n'avait pas le cœur à la recherche. Il y avait la honte de s'avouer vaincu à Wall Street si peu de temps après avoir quitté Maiden Lane ; mais l'effet du poison du jeu était bien plus fort que cela. S'il était déjà assez pénible d'être obligé de commencer plus bas qu'il ne l'avait été chez Maxwell & Kip's, il était pire de se condamner à de longues et pénibles années de travail dans le commerce de la drogue alors que sa récompense, s'il restait fort et en bonne santé, consisterait simplement à pouvoir épargner quelques milliers de dollars. Mais quelques semaines de chance à la bourse lui permettraient de récupérer tout ce qu'il a perdu, et même plus !

Il aurait dû commencer modestement pendant qu'il apprenait à spéculer. Il le voit maintenant très clairement. Chacune de ses erreurs était due à son inexpérience. Il s'était imaginé qu'il connaissait le marché. Mais ce n'était que maintenant qu'il le connaissait vraiment et, par conséquent, ce n'était que maintenant, après que le marasme lui ait tant appris, qu'il pouvait raisonnablement espérer réussir. Son esprit, ruminant ses pertes, a définitivement rejeté comme futile la reprise de l'achat et de la vente de médicaments, et s'est attardé sur l'acquisition soudaine de la sagesse boursière. Appliquée correctement, cette sagesse devait lui apporter beaucoup. Quelques semaines plus tard, il passait à nouveau ses journées devant le tableau des cotations, bavardant avec les clients qui avaient survécu, donnant et recevant des conseils. Au fil du temps, l'emprise de Wall Street sur son âme s'est renforcée jusqu'à étouffer toute autre aspiration. Il ne pouvait parler, penser, rêver que d'actions. Il ne pouvait pas lire les journaux sans penser à la façon dont le marché allait « prendre » les nouvelles qu'ils contenaient. Si une énorme raffinerie brûlait, entraînant une perte de 4 millions de dollars pour le « crédit, » il soupirait parce qu'il n'avait pas prévu la catastrophe et qu'il avait vendu Sugar à découvert. Si une grève des employés de la Suburban Trolley Company conduit à la violence et à la destruction de vies et de biens, il maudit un destin implacable parce qu'il n'a pas eu la prescience de "vendre" un millier d'actions de Trolley. Et il calculait sans cesse, à la dernière fraction de point près, combien d'argent il aurait gagné s'il avait vendu à découvert juste avant la catastrophe, aux prix les plus élevés, et s'il avait couvert ses actions au prix le plus bas. Si seulement il avait su ! L'atmosphère de la rue, l'odeur de la spéculation l'entouraient de toutes parts, l'enveloppaient comme un brouillard d'où les choses du monde extérieur lui apparaissaient comme à travers un voile. Il vivait dans le quartier où les hommes ne se disent pas « Bonjour » en se rencontrant, mais « Comment va le marché ? » ou, quand on leur demande « Comment vous sentez-vous ? » ils reçoivent pour réponse : « Bullish ! » ou « Bearish ! » au lieu d'une réponse sur l'état de santé.

Au début, après l'effondrement fatal, Gilmartin a demandé à ses courtiers de le laisser spéculer à crédit, de façon modeste. Ils le firent. Ils étaient assez gentils et voulaient sincèrement l'aider. Mais la chance lui a tourné le dos. Avec l'obstination des joueurs non superstitieux, il s'obstina à lutter contre le destin. Il était un taureau dans un marché baissier ; et plus il perdait, plus il pensait que l'inévitable « remontée » des prix était attendue. Il achetait dans cette attente et perdait encore et encore, jusqu'à ce qu'il doive aux courtiers une somme supérieure à ce qu'il pouvait payer ; et ceux-ci refusaient catégoriquement de lui faire crédit d'un centime de plus, sans tenir compte de ses supplications véhémentes d'acheter un dernier cent, juste une chance de plus, la dernière, parce qu'il serait sûr de gagner. Et, bien sûr, l'événement tant attendu se produisit et le marché monta avec une rapidité qui fit ciller la rue ; et Gilmartin calcula que si les courtiers n'avaient pas refusé sa dernière commande, il aurait gagné assez pour rembourser la dette et aurait laissé, en plus, $2,950 ; car il aurait fait de la « pyramide » à la hausse. Il a montré ses chiffres aux courtiers, d'un air accusateur, et ils ont eu quelques mots à ce sujet. Il a quitté le bureau, presque tenté de poursuivre la société pour conspiration dans l'intention de frauder, mais il a décidé qu'il s'agissait d'un autre « sockdolager de la chance » et il a laissé tomber, comme un joueur.

Lorsqu'il retourna au bureau des courtiers, le lendemain, il commença à spéculer de la seule façon dont il pouvait le faire, c'est-à-dire de façon vicieuse. Smith, par exemple, qui avait acheté 500 St. Paul à 125, s'intéressa moins à l'affaire que Gilmartin qui, dès lors, étudia assidûment les bulletins de nouvelles et chercha des informations sur St. Paul dans toute la rue, écoutant avec enthousiasme les conseils et les rumeurs concernant l'action, souffrant vivement lorsque le prix baissait, riant et gazouillant allègrement si les cotations montaient, exactement comme s'il s'agissait de sa propre action. Dans une certaine mesure, il s'agissait d'un anodin pour sa fièvre des titres. En fait, dans certains cas, son intérêt était si vif et ses conseils si fréquents - il parlait de notre affaire - que l'heureux gagnant lui donnait une petite part de son butin, que Gilmartin acceptait sans hésiter - il n'avait plus d'orgueil à présent - et qu'il utilisait aussitôt pour soutenir quelque petite affaire de son cru sur le Consolidated Exchange ou même au « Percy's » - une petite boutique minable où l'on prenait des ordres pour deux actions avec une marge d'un pour cent, c'est-à-dire où un homme pouvait parier aussi peu que deux dollars.

Par la suite, il arrivait souvent que Gilmartin emprunte quelques dollars, lorsque les clients ne négociaient pas activement. Les montants qu'il empruntait diminuaient en raison de la fréquence croissante de leurs refus. Enfin, il lui a été demandé de ne plus fréquenter le bureau où il avait été un client honoré et choyé.

Il devient un « has been » de Wall Street et on peut le voir tous les jours sur New Street, derrière le Consolidated Exchange, où se rassemblent les courtiers « put » et « call. » Les téléscripteurs des saloons voisins alimentent son appétit de joueur. De temps en temps, des hommes plus chanceux l'emmenaient dans ces mêmes saloons, où il mangeait aux comptoirs gratuits, buvait de la bière, parlait d'actions et écoutait les récits des heureux gagnants, les lèvres tremblantes, prêtes à sourire ou à grimacer. Parfois, le joueur en lui s'affirmait et il racontait aux heureux gagnants, avec colère, comment l'action qu'il souhaitait acheter, mais qu'il n'avait pas pu acheter la semaine précédente, avait augmenté de 18 points. Mais ceux-ci, saturés de leur propre fièvre, hochaient la tête distraitement, les yeux de leur âme fixés sur une citation à venir ; ou bien ils ne hochaient pas la tête du tout mais, dans leur empressement à regarder la cassette dont ils avaient été absents pendant deux longues minutes, le quittaient sans un seul mot de consolation ou même d'adieu.

Un jour, dans New Street, il entendit un courtier très connu dire à un autre que M. Sharpe allait « monter tout de suite en Pennsylvanie Central. » Le fait d'avoir entendu cette conversation a provoqué un coup de chance rare qui a sorti Gilmartin de son apathie et l'a fait se précipiter chez son beau-frère qui tenait une épicerie à Brooklyn. Il implora Griggs d'aller voir un courtier et d'acheter autant de Pennsylvania Central que possible, c'est-à-dire s'il souhaitait vivre dans le luxe jusqu'à la fin de ses jours. Sam Sharpe allait l'acheter. Il emprunte également dix dollars.

Griggs était tenté. Il a débattu avec lui-même pendant de nombreuses heures et a fini par céder à la tentation. Il prit ses économies, acheta cent actions de la Pennsylvania Central à 64 ans et commença à négliger ses affaires pour étudier les pages financières des journaux. Peu à peu, le murmure de Gilmartin mettait en branle en lui les rouages d'un téléscripteur qui imprimait sur ses rêveries la marque du dollar. Sa femme, le voyant préoccupé, pensait que les affaires allaient mal ; mais Griggs le niait, confirmant ainsi ses pires craintes. Finalement, il fit installer un téléphone dans sa petite boutique pour pouvoir parler à ses courtiers.

Gilmartin, avec les dix dollars qu'il avait empruntés, a rapidement acheté dix actions âans un bucket shop à 63,875 ; l'action est rapidement tombée à 62,875 ; il a été rapidement « essuyé » ; et l'action est rapidement remontée à 64,5.

Le lendemain, un client du Gilmartin d'autrefois l'invite à prendre un verre. Gilmartin n'apprécie pas la prospérité évidente de cet homme. Il s'indigne de la capacité de l'autre à acheter des centaines d'actions. Mais l'alcool l'apaisa et, dans un élan de léger remords, il dit à Smithers, après avoir jeté un regard inquiet autour de lui, comme s'il craignait que quelqu'un ne l'entende : « Je vais vous dire quelque chose, sur le q. t. mort, pour votre propre bénéfice. »

« Tirez ! »

« Pa. Cent. est en train de monter. »

« Oui ? » dit Smithers, calmement.

« Oui, il traversera à coup sûr. »

« Umph ! » entre deux bouchées de bretzel.

« Oui. Sam Sharpe m'a dit » - Gilmartin était sur le point de dire « un de mes amis, » mais il s'est repris et a continué, impressionné – « m'a dit, hier, d'acheter Pa. Cent. car il avait accumulé toute sa ligne et était prêt à l'exploiter. Et vous savez ce qu'est Sharpe, » termina-t-il, comme s'il pensait que Smithers connaissait les pouvoirs de Sharpe.

« C'est vrai ? » grommelle Smithers.

« Lorsque Sharpe décide de constituer un stock, comme il a l'intention de le faire avec Pa. Cent, rien au monde ne peut l'arrêter. Il m'a dit qu'il le ferait passer au pair dans les soixante jours. Ce n'est ni un ouï-dire, ni un tuyau. Ce sont des faits concrets. Je n'entends pas qu'il monte, je ne pense pas qu'il monte, je sais qu'il monte. Vous comprenez ? » Et il secoua son index droit d'un mouvement de marteau.

En moins de cinq minutes, Smithers était tellement bouleversé qu'il acheta 500 actions et promit solennellement de ne pas « prendre ses bénéfices, » c'est-à-dire de ne pas vendre, tant que Gilmartin n'aurait pas dit son mot. Puis ils ont bu un autre verre et jeté un autre coup d'œil au téléscripteur.

« Vous voulez rester en contact avec moi, » dit Gilmartin en guise de conclusion. « Je vous dirai ce que Sharpe me dira. Mais vous devez rester discret, » avec un hochement de tête qui engageait Smithers à un honorable secret.

Si Gilmartin avait rencontré Sharpe face à face, il n'aurait pas su qui était devant lui.

Peu de temps après avoir quitté Smithers, il s'est occupé d'une autre connaissance, un jeune homme qui pensait connaître Wall Street et qui avait donc un hobby : la manipulation. Personne ne pouvait l'inciter à acheter des actions en lui disant à quel point les entreprises se portaient bien, à quel point les perspectives étaient prometteuses, etc. C'était un appât pour les « pigeons, » pas pour les jeunes opérateurs boursiers intelligents. Mais quiconque, même un étranger, disait qu' « ils » - les éternels mystérieux « ils, » les « grands hommes, » les puissants « manipulateurs » dont la vie n'était qu'une conspiration prolongée pour tromper le public – « ils » allaient « faire monter » telle ou telle action, était le bienvenu, et ses conseils étaient suivis d'effet. Le jeune Freeman ne croyait en rien d'autre qu'en « leur » méchanceté et en « leur » pouvoir de faire monter ou baisser la valeur des actions à volonté. Le fait de penser à sa sagesse lui avait valu un rictus chronique.

« Vous êtes exactement l'homme que je cherchais, » dit Gilmartin, qui n'avait pas du tout pensé au jeune homme.

« Quoi Sam ? »

« Sharpe. Le vieux garçon m'a fait venir. Il était aussi de très bonne humeur. Chatouillé à mort. Il pourrait bien l'être - il a 60

000 actions de Pennsylvania Central. Et il va y avoir entre 50 et 60 points de profit dessus. »

Freeman renifle, sceptique, mais impressionné par le changement d'attitude de Gilmartin, qui est passé de l'humilité de la semaine précédente, où il empruntait de l'argent, au ton confiant d'un homme qui a un bon pourboire. Sharpe était connu pour sa gentillesse envers ses vieux amis, riches ou pauvres.

« J'étais là quand les papiers ont été signés, » dit Gilmartin, furieux. « J'allais quitter la pièce, mais Sam m'a dit de ne pas le faire. Je ne peux pas vous dire de quoi il s'agit, vraiment. Mais il va simplement mettre les actions au-dessus du pair. Elle est à 64,5 aujourd'hui, et vous savez et je sais que lorsqu'elle sera à 75, les journaux parleront tous d'achats internes ; à 85, tout le monde voudra l'acheter en raison de développements importants ; et à 95, il y aura des millions de conseils sur l'action et des rumeurs d'augmentation des dividendes, et les gens qui n'auraient pas regardé l'action trente points plus bas se précipiteront et l'achèteront par boisseau. Que l'on me dise qui manipule une action, et que l'on me dise ce qu'il en est des dividendes et des bénéfices. Voilà ce que je pense, » avec un dernier signe de tête martelé, comme s'il s'agissait d'une vérité profonde.

« Même chose, » acquiesce Freeman, cordialement. Il est attaqué sur son côté vulnérable.

Il se passe des choses étranges à Wall Street. Parfois, les tuyaux se concrétisent. C'est ce qui s'est passé dans ce cas. Sharpe a brillamment lancé l'action à la hausse - le mouvement est devenu historique dans la rue - et Pa. Cent. a grimpé en flèche, tous les journaux en ont parlé, le public s'est emballé, l'action a atteint 80, 85, 88 et plus encore, puis Gilmartin a demandé à son beau-frère de vendre 101, Smithers et Freeman. Leurs bénéfices ont été les suivants : Griggs, 3 000 dollars ; Smithers, 15 100 dollars ; Freeman, 2 750 dollars. Gilmartin leur fait donner un bon pourcentage. Il n'a aucun problème avec son beau-frère. Gilmartin lui a dit qu'il s'agissait d'une coutume inviolable de Wall Street et Griggs a donc payé, avec l'air d'avoir une grande expérience en la matière. Freeman lui en fut plus ou moins reconnaissant. Mais Smithers rencontra Gilmartin et, plein de chance, répéta ce qu'il avait dit à une douzaine d'hommes dans l'heure qui suivit : « J'ai fait un coup d'éclat l'autre jour. Pa. Cent. m'a semblé que les prix étaient plus élevés et j'en ai acheté une liasse. J'ai ramassé une belle somme, » et il avait l'air fier de sa propre pénétration. Il avait vraiment oublié que c'était Gilmartin qui lui avait donné le tuyau. Mais ce n'est pas le cas de Gilmartin qui rétorque d'un ton féroce :

« J'ai souvent entendu parler de gens que l'on mettait dans de bonnes affaires, qui gagnaient de l'argent et qui, par la suite, venaient vous dire qu'ils avaient été sacrément intelligents pour réussir. Mais vous ne pouvez pas me faire ce coup-là. J'ai des témoins. »

« Des témoins ? » reprit Smithers, l'air penaud. Il se souvient.

« Oui, de l'esprit, » dit Gilmartin avec mépris. « J'ai dû me mettre à genoux pour que vous l'achetiez. Et je vous ai aussi dit quand le vendre. L'information m'est parvenue directement du quartier général, vous en avez eu l'usage et maintenant le moins que vous puissiez faire est de me donner vingt-cinq cents dollars. »

Il finit par accepter 800 dollars. Il a dit à des amis communs que Smithers l'avait trompé.

Il semble que la régénération de Gilmartin ait été accomplie lorsqu'il a changé ses vêtements de pacotille pour des vêtements de luxe. Il a payé les factures de ses commerçants et s'est installé dans de meilleurs quartiers. Il dépensa son argent comme s'il avait gagné des millions. Une semaine après avoir conclu l'affaire, ses amis auraient juré que Gilmartin avait toujours été prospère. C'était son apparence. Son moi intérieur est resté le même : un joueur. Il recommence à spéculer dans les bureaux des courtiers de Freeman.

À la fin du deuxième mois, il avait perdu non seulement les 1 200 dollars qu'il avait déposés dans la société, mais aussi 250 dollars supplémentaires qu'il avait donnés à sa femme et qu'il avait été obligé de lui « emprunter, » bien qu'elle l'ait assuré qu'il les perdrait. Cette fois, l'effondrement était vraiment inattendu par tous, même par les magnats - le mystérieux et tout puissant « ils » de Freeman's - de sorte que la perte de la seconde fortune ne reflétait pas les capacités de Gilmartin en tant que spéculateur, mais sa chance. En fait, il avait été trop prudent et avait péché par excès de timidité au début, pour plonger ensuite et tout perdre.

Après avoir longuement réfléchi à ses pertes, Gilmartin est devenu un pronostiqueur professionnel. Laisser les autres spéculer à sa place lui semblait être le seul moyen sûr de gagner. Il commença par conseiller à dix victimes - il apprit avec le temps à les appeler ses clients - de vendre des actions préférentielles Steel Rod, à raison de 100 actions par personne ; à dix autres, il conseilla d'acheter la même quantité de la même action. À tous, il a conseillé de prendre quatre points de bénéfice. Tous n'ont pas suivi son conseil, mais les sept clients qui l'ont vendu ont gagné à eux tous près de 3 000 dollars en une nuit. Son pourcentage s'élevait à 287,50 dollars. Six d'entre eux ont acheté et lorsqu'ils ont perdu, il leur a raconté confidentiellement que la trahison d'un membre important du pool avait obligé les gestionnaires du pool à retirer temporairement leur soutien à l'action, d'où le déclin. Ils ont rouspété, mais il leur a assuré qu'il avait lui-même perdu près de 1 600 dollars à cause de ce traître.

Pendant quelques mois, Gilmartin gagne bien sa vie, mais les affaires deviennent très ennuyeuses. Les gens ont appris à se méfier de ses conseils. Il n'y avait plus de force de persuasion dans ses informations internes, dans ses conseils confidentiels de Sharpe et dans le fait qu'il avait assisté de ses propres yeux à la signature de documents qui ont fait date. S'il avait pu faire alterner les gains et les pertes de ses clients, il aurait pu conserver son activité. Mais par exemple, « Dave » Rossiter, dans le bureau de Stuart & Stern, a stupidement reçu le mauvais pourboire six fois de suite. Ce n'était pas la faute de Gilmartin, mais la malchance de Rossiter.

Ne parvenant plus à obtenir suffisamment de clients dans le quartier des téléscripteurs, Gilmartin a été contraint de faire de la publicité dans un journal de l'après-midi, six fois par semaine, et dans l'édition dominicale d'un des principaux quotidiens du matin. Les annonces se présentaient comme suit :

NOUS GAGNONS DE L'ARGENT

pour nos investisseurs par le meilleur système jamais conçu. Traiter avec de véritables experts. Deux modes de fonctionnement, l'un spéculatif, l'autre assurant une sécurité absolue.

MAINTENANT

c'est le moment d'investir dans une certaine action pour un bénéfice sûr de dix points. Une marge de trois points est suffisante. Rappelez-vous à quel point nous avons été corrects sur d'autres titres. Profitez de ce mouvement.

IOWA MIDLAND.

Un grand mouvement s'annonce sur ce titre. C'est très proche. J'attends quotidiennement des nouvelles. Je l'obtiendrai à temps. Magnifique occasion de gagner beaucoup d'argent. Il suffit d'un timbre de 2 cents pour m'écrire.

INFORMATIONS CONFIDENTIELLES.

Le secrétaire privé d'un banquier et d'un opérateur boursier de réputation mondiale détient des informations précieuses. Je ne souhaite pas votre argent. Utilisez votre propre courtier. Tout ce que je veux, c'est une part de ce que vous gagnerez sûrement si vous suivez mes conseils.

AVANCERA DE 40 DOLLARS PAR ACTION.

Une fortune à faire dans une action de chemin de fer. Un accord est en cours qui permettra d'avancer le même montant de 40 dollars par action dans les trois mois. Je suis en mesure de me tenir informé des développements et des opérations d'un pool. Les personnes qui porteront pour moi 100 actions auprès d'une maison de la Bourse de New York recevront tous les avantages de l'information. Investissement sûr et certain. Les meilleures références sont données.

Il a connu une prospérité étonnante. Les réponses lui parvenaient des marchands de meubles de la Quatrième Avenue, des laitiers de l'État, des producteurs de fruits du Delaware, des ouvriers du Massachusetts, des électriciens du New Jersey, des mineurs de charbon de Pennsylvanie, des commerçants, des médecins, des plombiers et des entrepreneurs de pompes funèbres de toutes les villes, proches ou lointaines. Chaque matin, Gilmartin télégraphiait à des dizaines de personnes - à leurs frais - pour vendre et à des dizaines d'autres pour acheter les mêmes actions. Et il réclamait ses commissions aux gagnants.

Peu à peu, ses économies s'accroissent et, avec elles, son désir de spéculer pour son propre compte. Ne pas jouer le rendait irritable.

Il rencontra Freeman un jour dans l'une de ses humeurs insatisfaites. Par politesse, il posa au jeune cynique la question universelle de la rue :

« Qu'en pensez-vous ? » Il parlait des actions.

« Qu'est-ce que ça change, ce que je pense ? » ricane Freeman, avec une fière humilité. « Je ne suis personne. » Mais il avait l'air de ne pas être d'accord avec lui-même.

« Qu'en savez-vous ? » poursuit Gilmartin, d'un ton apaisant.

« J'en sais assez pour être acheteur de Gotham Gas. Je viens d'acheter mille actions à 180. » En réalité, il n'en avait acheté que cent.

« Qu'est-ce qui se passe ? »

« A titre d'information. Je le tiens directement d'un directeur de la société. Écoutez, Gilmartin, je suis tenu au secret. Mais, dans votre intérêt, je vous dirai d'acheter tout le gaz que vous pouvez transporter. Le marché est conclu. Je sais que certains documents ont été signés hier soir et qu'ils sont presque prêts à en faire profiter le public. Ils n'ont pas encore tous les stocks nécessaires. Quand ils l'auront, attendez-vous à des feux d'artifice. »

Gilmartin ne perçut aucune ressemblance entre les conseils de Freeman et les siens. Il dit, hésitant, comme s'il avait honte de sa timidité :

« Le stock semble assez élevé à 180. »

« Vous ne le penserez pas quand il sera vendu à 250. Gilmartin, je ne l'entends pas, je ne le pense pas, je le sais ! »

« D'accord, j'en suis, » dit Gilmartin d'un ton jovial. Il éprouvait un sentiment d'émancipation maintenant qu'il avait décidé de reprendre ses activités de spéculateur. Il prit chaque cent des neuf cents dollars qu'il avait gagnés en disant aux gens les mêmes choses que Freeman lui disait maintenant, et acheta cent Gotham Gas à 185 dollars l'action. Il envoya également un télégramme à tous ses clients pour qu'ils plongent dans l'action.

Il a fluctué entre 184 et 186 pendant une quinzaine de jours. Freeman affirmait quotidiennement qu' « ils » accumulaient les actions. Mais, un beau jour, les directeurs se sont réunis, ont convenu que les affaires étaient mauvaises et, après avoir vendu la plupart de leurs propres actions, ont décidé de réduire le taux de dividende de 8 à 6 %. Gotham Gas a perdu dix-sept points en dix minutes. Gilmartin perd tout ce qu'il possède. Il se trouve dans l'impossibilité de payer ses publicités. Les compagnies télégraphiques refusent d'accepter les messages « collect. » Gilmartin se voit ainsi privé de ses revenus d'informateur. Griggs avait continué à spéculer et avait perdu tout son argent et celui de sa femme dans une petite affaire à Iowa Midland. Tout ce que Gilmartin pouvait espérer obtenir de lui était une invitation occasionnelle à dîner. Mme Gilmartin, après avoir été dépossédée de son logement pour non-paiement du loyer, a quitté son mari et est allée vivre avec une sœur à Newark qui n'aimait pas Gilmartin.

Ses vêtements se dégradent et ses repas deviennent irréguliers. Mais toujours dans son cœur, aussi fermement que la foi d'un inventeur en lui-même, il y avait l'espoir qu'un jour, d'une manière ou d'une autre, il deviendrait « riche » sur le marché boursier.

Un jour, il emprunta cinq dollars à un homme qui avait gagné cinq mille dollars dans Cosmopolitan Traction. L'action, disait l'homme, ne faisait que commencer à monter, et Gilmartin le crut et acheta cinq actions de « Percy's », son magasin de seaux favori. L'action commença à monter lentement mais sûrement. Le lendemain après-midi, « Percy's » fait l'objet d'une descente de police, le propriétaire n'étant pas d'accord avec la police sur le prix.

Gilmartin s'attarda dans New Street, discutant avec d'autres clients de la boutique de seaux dévalisée, se demandant s'il s'agissait ou non d'un « coup monté » par le vieux Percy lui-même qui, on le savait, perdait de l'argent au profit de la foule depuis des semaines. L'une après l'autre, les victimes s'en allèrent et Gilmartin quitta enfin le quartier des téléscripteurs. Il descendit lentement Wall Street, puis remonta William Street en pensant à sa chance. La Traction que Cosmopolitan avait certainement l'air de prix plus élevés. En effet, il lui semblait qu'il pouvait presque entendre les actions crier, d'une voix articulée : « Je monte, d'accord ? Tout de suite, tout de suite ! » Si quelqu'un achetait mille actions et acceptait de lui donner les bénéfices sur cent, sur dix, sur un !

Mais il n'avait même pas son carnet de route. Il se souvint alors qu'il n'avait pas mangé depuis le petit déjeuner. Cela ne lui servait à rien de s'en souvenir maintenant. Il allait devoir se procurer son dîner auprès de Griggs à Brooklyn.

« Pourquoi, » se dit Gilmartin avec un élan de curieux mépris de soi, « je ne peux même pas acheter une tasse de café ! »

Il leva la tête et regarda autour de lui pour constater qu'il s'agissait d'un restaurant insignifiant dans lequel il ne pouvait même pas acheter une tasse de café. Il était arrivé à Maiden Lane. Alors que son regard parcourait le côté nord de cette rue, il fut arrêté par l'enseigne :

MAXWELL & KIP.

Au début, il ne sentait que vaguement ce que cela signifiait. Il s'était habitué à l'absence. Les commis sortaient. Jameson, plus vieux que jamais, comme s'il était toujours en train de se dire qu'il pourrait diriger l'entreprise bien mieux que Jenkins ; Danny, plus grand de quelques centimètres, qui n'était plus un garçon de bureau, mais qui portait un costume de serge bleue et une cravate du dernier style, qui respirait la santé et la correction ; Williamson, devenu très gris et affichant sur son visage trente ans de routine ; Baldwin, heureux comme autrefois à la fin de la journée de travail, et souriant aux paroles du successeur de Jenkins-Gilmartin qui arborait un air d'autorité, une habitude de commandement qu'il n'avait pas connue dans le temps.

Tout à coup, Gilmartin se retrouva au milieu de son ancienne vie. Il voyait tout ce qu'il avait été, tout ce qu'il pouvait encore être. Et il était bouleversé. Il avait envie de se précipiter vers ses anciens associés, de leur parler, de leur serrer la main, d'être l'ancien Gilmartin. Il s'apprêtait à faire un pas vers Jenkins, mais il s'arrêta brusquement. Ses vêtements étaient en piteux état et il avait honte. Mais, s'excusa-t-il, il pourrait leur raconter comment il avait gagné cent mille dollars et les avait perdus. Et il pourrait même emprunter quelques dollars à Jenkins.

Gilmartin tourna les talons d'un coup de tête et s'éloigna rapidement de Maiden Lane. Tout ce qu'il pensait maintenant, c'était qu'il ne voulait pas qu'on le voie dans cette situation. Il sentit la saleté de ses vêtements sans les regarder. Tout en marchant, un grand sentiment de solitude l'envahit.

Il était de retour à Wall Street. En tête de la rue se trouvait l'ancienne Trinité ; à droite, le sous-trésor ; à gauche, la Bourse.

De Maiden Lane à Lane of the Ticker, telle avait été sa vie.

« Si seulement je pouvais acheter un peu de Cosmopolitan Traction, » se dit-il. Puis il marcha d'un pas triste vers le nord, jusqu'au grand pont, en route vers Brooklyn pour aller manger avec Griggs, l'épicier ruiné.

Un Murmure Philanthropique

Il y a eu toutes sortes de grands opérateurs boursiers et de «
chefs » à Wall Street - des chefs gentilshommes, bien
éduqués, doués pour l'épigramme et des chefs au langage
grossier qui connaissaient aussi peu la grammaire que les
bonnes manières ; des chefs pour qui le marché boursier n'était
que le Monte Carlo de la bande et des chefs pour qui c'était un
moyen d'arriver à leurs fins ; des dirigeants froids, calculateurs,
aux nerfs d'acier et des dirigeants agités, impulsifs, excitables ;
des dirigeants qui étaient des piliers d'église et des abstinents
complets et des dirigeants dont le seul Dieu était le
téléscripteur et dont les opérations les plus brillantes étaient
menées au cours d'une débauche d'ivrognes. Mais jamais
auparavant, dans l'histoire haletante de Wall Street, il n'y avait
eu de leader dont les partisans se comptaient par milliers et
comprenaient non seulement les spéculateurs « à la petite
semaine, » mais aussi les plus riches d'entre eux ! Jamais
auparavant un leader dont la parole remplaçait les informations
statistiques, dont le simple « je l'achète » créait plus
d'acheteurs pour une action que tous les prospectus élogieux,
toutes les déclarations sous serment des comptables et toutes les
estimations des banquiers.

Au début, Wall Street a déclaré que le public souffrait d'une épidémie de folie spéculative, que le colonel Treadwell n'était qu'un opérateur audacieux « soutenu » par une clique des plus grandes fortunes d'Amérique, qu'il n'était pas un habile « manipulateur » de valeurs, mais qu'il faisait progresser les actions auxquelles il était associé par la seule force brute d'achats massifs et que, bien entendu, le public suit toujours les actions qui sont rendues actives, et bien d'autres explications encore. Mais Wall Street a fini par comprendre exactement à quoi était due la dévotion aveugle du public spéculateur pour le colonel. Défiant toutes les traditions, bouleversant tous les précédents, violant toutes les règles, poussant tous les « vétérans » au bord de l'hystérie et de la faillite par sa défiance quotidienne des opinions admises quant à l'art d'opérer sur les actions, le colonel Josiah T. Treadwell a fondé une nouvelle école : Il disait la vérité.

Le colonel était assis dans son bureau, seul avec ses pensées. La porte était ouverte - elle l'était toujours - et les commis et les clients de Treadwell & Co. apercevaient, en allant et venant, le visage large et bienveillant du grand chef et ses petits yeux vifs et scintillants qui semblaient leur sourire. Ils se demandaient quelle nouvelle « affaire » le colonel préparait. Et puis, ils souhaitaient de toute leur âme et de toute leur bourse connaître le nom de l'action - rien que le nom - afin de pouvoir « entrer au rez-de-chaussée. »

Le célèbre opérateur est assis sur une chaise tournante près de son bureau. Il avait tourné le dos à une accumulation de correspondance et tournait maintenant de droite à gauche et de gauche à droite. Le bout de ses chaussures - c'était un homme de petite taille - dépassait le sol de quelques centimètres et il balançait ses pieds avec satisfaction. Un téléscripteur vrombissait allègrement et, de temps en temps, Treadwell cessait de se balancer et de balancer ses pieds pour jeter un coup d'œil jovial à la « bande » du téléscripteur. De sa fenêtre, il pouvait voir un Mississippi de gens ou un peu du ciel de l'été new-yorkais, mais ses yeux agités erraient et sautaient d'un endroit à l'autre. Les employés et les clients se demandaient si le marché se déroulait comme le colonel l'avait prévu. Le téléscripteur vrombissait et cliquetait, impassible, et le colonel arborait un air méditatif. Qu'est-ce que le « vieux » manigance ? Les ours ont intérêt à être sur leurs gardes ! En effet, Josiah T. Treadwell se dit que son frère Wilson, qui l'a quitté quelques minutes auparavant, est certainement en train de devenir chauve. Il se demande aussi si les gens qui annoncent des « restaurateurs » et des « revigorateurs » sont véridiques ou simplement des « Wall Streety, » comme il le dit lui-même.

Un jeune homme, totalement étranger au colonel Treadwell, s'arrêta à la porte et regarda le chef de la bourse d'un air hésitant.

« Entrez, entrez, » appela joyeusement le colonel. « Voulez-vous entrer dans mon salon ? »

« Bonjour, colonel Treadwell, » dit le jeune homme d'un ton hésitant.

« Qui êtes-vous, qu'êtes-vous et que puis-je faire pour vous ? » dit le colonel en lui tendant la main.

Le jeune homme n'a pas tenu compte de la main tendue et potelée. « Je m'appelle Carey, » dit-il de façon très formelle. « Mon père vous a connu lorsqu'il était rédacteur en chef du Blankburg Herald. »

« Eh bien, » dit le colonel, encourageant, « serrez-vous la main de toute façon. »

Carey serra la main ; son assurance disparut. C'est un jeune homme au visage et à la voix agréables, pense Treadwell. C'est un vieil homme au grand cœur et farceur, contrairement à ce qu'il avait imaginé pour le leader de la bourse, pense Carey.

« Oui, » reprit le colonel, « je me souviens très bien de votre père. Je n'oublie jamais mes amis de l'État et je suis toujours heureux de voir leurs fils. Lorsque je me suis présenté au Congrès, Bill Carey a écrit 119 éditoriaux brûlants en ma faveur, et j'ai été battu par une majorité large et enthousiaste. Je n'ai pas vu ton père depuis une vingtaine d'années - pas depuis qu'il s'est trompé et qu'il s'est lancé dans la politique. »

« Eh bien, colonel Treadwell, » dit Carey en riant, « je suppose que papa a fait de son mieux pour vous. Et si vous n'êtes pas allé au Congrès, vous êtes mieux loti, d'après tout ce que j'ai lu dans les journaux à votre sujet. »

On aurait pu croire qu'ils se connaissaient depuis des années.

« C'est ce que je dis, je dois le faire, » dit-elle en riant.

« Colonel, » dit le jeune homme, « je suis venu vous demander conseil. »

« La plupart des gens ne le demandent pas deux fois. Soyez prudent maintenant. »

« Vous voulez dire qu'ils deviennent tellement riches qu'ils n'ont plus besoin de revenir ? »

« Tu es un politicien, jeune homme. Tu te réveilleras et tu te retrouveras au Congrès, un jour ou l'autre, à moins que ton père ne reprenne son travail de journaliste et n'écrive des éditoriaux en ta faveur. »

Le garçon avait un sourire agréable, pensa le colonel.

« J'ai économisé de l'argent, colonel. »

« Gardez-le. C'est le meilleur conseil que je puisse vous donner. Partez immédiatement. Great Scott, jeune homme, tu es à Wall Street maintenant. »

« Oh, je suis assez en sécurité dans ce bureau, je suppose, » rétorque Carey.

Le célèbre leader de la bourse le regarde solennellement. Le garçon lui rendit son regard, imperturbable. Puis le colonel Treadwell rit, et Carey lui rend son rire.

« Que faites-vous pour éviter la prison d'État ? » demande Treadwell.

« Je suis employé au bureau de la Federal Pump Company, au troisième étage. J'ai économisé un peu d'argent et je veux savoir quoi en faire. J'ai lu un article dans le Sun l'autre jour. Il disait que vous aviez conseillé aux gens de placer leurs économies dans le Suburban Trolley et qu'ils s'en étaient bien sortis. »

« C'était il y a un an. Le trolley a augmenté de 50 points depuis. »

« Cela montre à quel point le conseil était bon. Et vous avez aussi dit qu'un jeune homme devrait faire quelque chose de ses économies et ne pas les laisser dormir. » Le jeune homme regarde droit dans les petits yeux pétillants et bienveillants du leader de la bourse.

« Combien d'argent avez-vous ? »

« J'ai deux cent dix dollars, » répondit le jeune homme avec un sourire incertain. Il s'était senti fier de l'ampleur de ses économies dans sa propre chambre ; dans ce bureau, il avait un peu honte de leur insignifiance.

« Cher moi, » dit très sérieusement le spéculateur millionnaire, « c'est une belle somme d'argent. C'est bien plus que ce que j'avais quand j'ai commencé à faire des affaires. Vous l'avez sur vous ? »

« Oui, monsieur. »

« Je vais vous présenter à mon frère Wilson, qui s'occupe de nos clients. Entrez, John. »

« John » est entré. Son autre nom est Mellen. C'était un homme mince, à l'allure tranquille, d'environ cinq ans et demi. Ses ennemis disaient qu'il avait gagné 1 000 000 $ pour chaque année vécue et qu'il l'avait gardé.

« Asseyez-vous, John, » dit le colonel Treadwell en serrant la main de M. Mellen, « je reviens dans une minute. »

A la porte, il serra la main de deux autres visiteurs - un homme grand, au visage rude, aux cheveux blancs et à la moustache blanche, M. Milton Steers, conférencier d'après-dîner et spirituel avoué, et, accessoirement, président d'un réseau ferroviaire ; ainsi que M. D. M. Ogden, qui ressemblait à un ecclésiastique anglais et était le propriétaire des immenses Ogden Buildings à Wall Street. Ils étaient venus discuter de l'opportunité d'une nouvelle affaire de « trolley. » Ils représentaient, eux et leurs associés, plus de 500 000 000 de dollars. Mais le colonel Treadwell les fit attendre pendant qu'il escortait sa nouvelle connaissance jusqu'à la chambre de son frère.

« Wilse, » dit-il, « je vous ai amené un nouveau client, M. Carey. »

Wilson P. Treadwell sourit agréablement. C'est un homme grand et mince, à l'allure sérieuse. La société n'a pas besoin de nouveaux comptes, car elle a déjà plus d'affaires qu'elle ne peut en traiter. C'est la société de courtage la plus active et la plus connue des États-Unis. Mais les amis du colonel étaient toujours les bienvenus.

« Je suis très heureux de rencontrer M. Carey, » dit Wilson Treadwell. « L'entreprise a des clients très jeunes, mais leurs moyens sont inversement proportionnels à leur âge. »

« Je pense, » dit le colonel, « que nous devrions lui acheter des Easton & Allentown. » Il souriait, comme c'était généralement le cas. De plus, il pensait à l'impression erronée que son frère avait eue du nouveau client.

« C'est une bonne idée, » acquiesce Wilson. « Vous devriez passer votre commande immédiatement. Le stock monte très vite, M. Carey. »

« Eh bien, jeune homme, donnez-lui votre marge et laissez-le vous acheter autant qu'il le jugera bon, » dit le colonel.

« Cinq mille actions ? » suggère Wilson Treadwell.

Le colonel Treadwell s'esclaffe. « Cinq mille ? Cinq mille dérisoires ? »

« Eh bien, cinquante mille s'il les veut, et vous garantissez son compte, » dit son frère en souriant.

« Je suppose, » dit lentement le chef de file de la bourse, « que vous feriez mieux de commencer avec cent actions. »

Wilson, qui connaissait parfaitement son frère, dit « Oh ! » sourit et donna l'ordre à un commis d'acheter cent actions de la Easton & Allentown Railroad au prix du « marché » ou au prix courant, pour M. Carey, et prit les deux cent dix dollars du garçon avec la plus grande gravité. La plus petite bourse n'aurait pas accepté un compte aussi pitoyable. Treadwell & Co., la plus grande, l'aurait fait et l'a fait.

Le colonel serra la main du jeune Carey, dont le père avait autrefois édité un journal de campagne, mais qui n'avait jamais été un ami intime, lui dit « Revenez, n'importe quand, » et retourna auprès de ses complices.

L'action Easton & Allentown a été la "vedette" du marché cette semaine-là et la suivante. Dix jours après que Carey eut acheté ses cent actions à 94, l'action se vendit à 106.

Le onzième jour, le jeune homme entre dans le bureau de Treadwell & Co. Il savait qu'il avait gagné beaucoup d'argent - plus qu'il n'avait jamais pensé en avoir à son âge - mais il ne savait pas quoi faire maintenant. Il entendit un homme dire à un autre : « Prendre des bénéfices ? Pas à ce prix. E. & A. va certainement passer à 115. »

Carey s'est dit que s'il attendait que l'action se vende à 115, il gagnerait près de mille dollars de plus.

« Il n'y a aucune raison d'être blâmé, » poursuit l'homme avec une emphase pittoresque, « mais où est l'intérêt de gaspiller autant d'argent en vendant trop tôt ? Limitez vos pertes et laissez courir vos profits. »

Ils se tenaient dans le couloir du bureau cloisonné, la foule d'hommes, tous clients de Treadwell & Co, à l'exception des journalistes qui avaient demandé leur interview quotidienne habituelle avec le célèbre leader du marché boursier. Il y avait là deux sénateurs des États-Unis, un ancien membre du Congrès, une vingtaine d'hommes qui avaient hérité de fortunes et qui les doublaient en bourse, trois ou quatre capitalistes aux cheveux gris et au visage avisé dont les noms apparaissaient maintes fois dans les pages financières des journaux, une douzaine de politiciens municipaux éminents, un président des chemins de fer de l'Ouest bien connu, au visage rougeaud et à la barbe blanche comme la neige ; deux médecins célèbres, le vice-président d'une compagnie d'assurance-vie, une demi-douzaine de marchands en gros et un petit homme insignifiant, à la voix basse, au regard tranquille, presque apologétique, qui parlait rarement et ne souriait jamais, mais qui, après le colonel lui-même, était sans conteste le « piston » le plus lourd du bureau.

Le colonel sortit de son bureau pour se rendre dans la chambre de son frère où, assis autour d'une longue table polie, se trouvaient plusieurs directeurs de la Suburban Trolley Company - des hommes que les journaux désignaient toujours non pas par leur nom mais comme des "initiés de premier plan". Il s'agissait d'une réunion très importante. Il s'agissait rien de moins que d'un accord final concernant le grand « Trolley pool » dont les opérations, plus tard, allaient devenir historiques à Wall Street. Il s'agissait, comme l'a dit l'un des spéculateurs à l'extérieur, « d'un cas de démonstration » - les ressources en espèces disponibles pour le pool devaient être déterminées, chaque homme annonçant la proportion des 100 000 actions qu'il était prêt à « mettre en vente. »

Carey se tient devant la porte du bureau de Wilson Treadwell. Il ne se sentait pas tout à fait à l'aise parmi tant d'hommes âgés et manifestement très riches. Sa méfiance le sauva, car lorsque le colonel passa, il s'arrêta et dit à voix basse : « Vous avez déjà votre stock ? »

Les clients du couloir, des hommes qui, selon les conseils du colonel, « transportaient » de 500 à 10 000 actions chacun d'Easton & Allentown, se penchaient avidement en avant. Tous étaient des hommes qui, au nord de Wall Street, ne se seraient pas abaissés à écouter les conversations des autres si leur vie en avait dépendu. Dans le bureau d'un courtier, lorsque le leader de la bourse parle, de telles notions sont absurdes, presque méchantes. Certes, à cet instant, vingt paires d'yeux regardaient fixement le grand chef de la Bourse et le jeune employé.

Le colonel l'a senti intuitivement. Il le confirma d'un rapide coup d'œil de ses petits yeux aiguisés. Il n'avait pas vendu toutes ses actions Easton & Allentown, mais il les écoulait aussi vite que le marché le permettait. Il était peu probable que l'action monte beaucoup plus haut. Wall Street, toujours réticent à croire en la bonne foi d'un opérateur boursier, avait l'habitude de commenter en ricanant le fait que le monde entendait beaucoup parler des « achats de Treadwell, » mais jamais des ventes de Treadwell.

Si le colonel donnait un indice aux clients, il y aurait une avalanche d'ordres de vente qui feraient chuter le prix de l'action, ce qui ne profiterait à personne. Il leur avait conseillé d'acheter l'action à 90 et à 95 - elle était à 105 aujourd'hui. Il a fait plus que son devoir. S'ils ne vendaient pas, dans l'espoir de gagner plus, c'était à eux de se méfier.

Mais il y avait le garçon aux cent actions, l'agréable petit employé de bureau de l'État, qui avait apporté toute sa fortune, ses économies accumulées de deux cent dix dollars. Il était étranger à Wall Street. Mais supposons qu'il dise qu'on lui a conseillé de vendre ? Il y aurait le diable à payer !

Le colonel prit des risques. D'un coin de sa bouche, sans même tourner la tête vers le garçon et sans que les clients qui l'observaient puissent se douter de ce qu'il faisait, il lui lança un rapide murmure - un murmure lobé mais philanthropique - : « Regarde la couleur de ton argent, mon garçon ! Prends tes bénéfices et ne dis rien ! » Et il entra dans la pièce où les magnats du Suburban Trolley l'attendaient avec impatience.

Carey, ravi mais taciturne, a donné l'ordre de vendre son Easton & Allentown, insoupçonné par la 128mob. Ils l'ont vendu pour lui à 105,125. En déduisant les commissions et les intérêts, le murmure du colonel avait mis 1 050 dollars dans la poche du jeune employé.

Les clients ont tous gagné beaucoup d'argent, mais pas autant que ce qu'ils auraient « retiré » de l'affaire Easton & Allentown s'ils avaient entendu l'un des nombreux chuchotements du colonel Treadwell, à savoir des affaires unilatérales mais philanthropiques !

L'Homme Qui A Gagné

« Brown, » dit M. John P. Greener en se détournant du téléscripteur dans le coin, « j'aimerais que vous alliez au conseil d'administration pour voir comment se porte le marché de l'Iowa Midland. Découvrez combien d'actions sont à vendre et qui les possède. Elles devraient être assez bien réparties dans la rue. »

« Qu'est-ce qu'il y a là-dedans ? » demanda curieusement son partenaire.

« Rien pour l'instant, » répondit Greener, calmement.

Il s'assit à son bureau et prit une lettre intitulée « Bureau du président, Keokuk & Northern Railway Company, Keokuk, Iowa. » Lorsqu'il eut terminé les seize pages soigneusement écrites, il se leva et arpenta lentement son bureau.

C'était un petit homme au visage pâle, à la barbe noire, à l'allure svelte, presque frêle, au front haut mais plutôt étroit. Ses yeux étaient furtifs, des bouts de lumière brune sournoise. Il réfléchissait, et il réfléchissait dans un certain but. N'importe qui, même un étranger, en le voyant, aurait su qu'il pensait à quelque chose de grand - le front était responsable de cette impression - et aussi à quelque chose de rusé, sans scrupules, de sang-froid - ses yeux étaient à blâmer ici. Enfin, son front s'éclaircit. Il marmonna : « Je dois avoir cette route. Ensuite, une consolidation avec ma Keokuk & Northern ; et un nouveau système qui durera aussi longtemps que le pays ! »

Brown revint une demi-heure plus tard et fit son rapport. Il y avait très peu d'actions à vendre en dessous de 42 dollars l'action - quelques petits lots détenus par des sociétés de commission sans importance. L'offre vendable augmentait à 44 ans, et à 46 ans « les actions internes sortaient, » ce qui, traduit en langage clair, signifiait que dès que le prix des actions de l'Iowa Midland Railway Company atteindrait 46 dollars par action, les directeurs de la société ou leurs amis proches seraient prêts à se séparer de leurs avoirs. Il était donc évident que la majeure partie des actions de l'Iowa Midland que la rue « portait » de manière spéculative n'était pas à vendre à un prix qui serait considéré comme une bonne affaire par M. John F. Greener, président de facto de la société rivale Keokuk & Northern Railway, mais mieux connu des innombrables « agneaux, » veuves, orphelins et frères financiers sous le nom de Napoléon de la rue.

« Des ordres de soutien ? » lance Greener. Les actions sont « soutenues, » c'est-à-dire achetées en cas de baisse, afin que le prix ne baisse pas trop et surtout pas trop vite.

« Bagley a reçu l'ordre d'acheter 300 actions à chaque quart de point de baisse jusqu'à ce qu'il atteigne 37, puis de prendre 5 000 actions à ce chiffre. Il les a reçus directement de Willetts lui-même. » Bagley était un courtier qui s'était fait une spécialité de traiter avec Iowa Midland. Willetts était le président de la société.

« Willetts, grinça Greener, était à Council Bluffs ce matin. Il doit prendre part aux cérémonies d'inauguration du monument aux soldats, qui commencent à une heure - c'est-à-dire dans les vingt minutes qui suivent, compte tenu du décalage horaire. Il sera hors de portée du télégraphe pendant l'après-midi. »

Brown rit. « Pas étonnant qu'ils aient peur de vous. »

« Brown, » dit Greener, « commencez le mouvement en vendant 10 000 actions d'Iowa Midland. Répartissez-les entre les garçons de l'étage. Il serait bon que la salle soit effrayée par la vente. Il est plus important pour nous de faire baisser le prix que de vendre à découvert à des prix élevés. Je veux que ces actions baissent. » S'il avait simplement voulu vendre l'action « à découvert, » il s'y serait pris avec précaution pour perturber le moins possible le cours.

« Si vous voulez cela, je pense que vous l'obtiendrez, » dit Brown. Alors qu'il sortait, M. Greener le suivit en couinant : « Continuez à les faire douter, Brown, continuez à les faire douter. »

« John F. Greener, cela devrait signifier une pause de trois ou quatre points dans l'Iowa Midland au minimum, et peut-être que nous pourrons travailler avec la cheville à 37. Nous verrons bien. » Par « point, » il entendait le chiffre auquel les ordres d'achat étaient les plus élevés.

Quelques minutes plus tard, le « poste » de l'Iowa Midland sur le parquet de la Bourse était entouré d'une douzaine de courtiers perplexes et inquiets, mais courtois. Et quelques minutes plus tard encore, le même endroit était un tourbillon bouillonnant d'humanité maniaque. Le spectacle de ces courtiers gesticulant, hurlant, se battant, déchirant leurs manteaux, se battant à coups de poing, était épouvantable et vulgaire, égoïste, désagréable, peu gentleman, mais éminemment typique. Et tout ce qui a provoqué la transformation, c'est le fait que M. Brown a été vu en train de chuchoter à Harry Wilson, et que ce dernier l'a quitté, est allé voir la foule de l'Iowa Midland et a vendu 1 000 actions à 42,125 et 42. Ensuite, M. Brown a été vu en train de parler avec W. G. Carleton d'une manière plus ou moins agitée, et plus tard, Carleton s'est promené sans se soucier de rien jusqu'à l'enceinte d'Iowa Midland et, après avoir fait preuve d'une très grande indifférence à l'égard du monde en général, mais plus particulièrement à l'égard du marché d'Iowa Midland, il a vendu 1 500 actions à Bagley, le spécialiste, à 41,75, 41,625, et 41,5. M. Brown était maintenant observé par deux ou trois dizaines d'yeux vifs, ayant tous la même expression. On le vit regarder autour de lui avec appréhension, puis commencer à converser avec Frank J. Pratt ; sur quoi Pratt, aussi vite que le lui permettaient ses grosses jambes, se précipita à « Iowa Midland » et vendit 2.000 actions au prix moyen de 41. Les yeux observateurs avaient alors pris une nouvelle expression, celle de l'indécision ; mais lorsqu'ils virent M. Brown faire signe avec anxiété à son ami « particulier, » Dan Simpson, et qu'ils virent Dan, à la voix stridente, se précipiter comme un fou dans la foule grandissante et vendre 5 000 actions d'Iowa Midland, apparemment sans tenir compte du prix, les yeux observateurs cessèrent d'observer Brown. L'activité se reporta sur les gorges de leurs propriétaires qui pensaient imiter Simpson et le reste des « chuchoteurs » de Brown. Tout le monde sentait le danger, d'autant plus que ces mêmes « chuchoteurs » n'avaient pas « abandonné » le nom de Brown & Greener en tant que véritables vendeurs, mais avaient vendu comme si chaque homme parlant à Brown agissait pour son propre compte - ce que tous les autres hommes dans la salle savaient être hors de question, et ce qui, à son tour, augmentait le malaise général. C'était un mouvement confiant et pourtant mystifiant. La perplexité devint encore plus grande lorsque certains courtiers, que l'on croyait « proches de l'intérieur, » commencèrent eux aussi à vendre les actions. Tout le monde s'est mis à faire de même. Tout le monde posa la même question – « Qu'est-ce qui se passe ? » - et reçut une avalanche de réponses, toutes différentes mais toutes défavorables. Un homme a parlé de mauvaises récoltes, un autre a mentionné diverses sortes d'insectes, un troisième a affirmé qu'il s'agissait de vastes inondations et de glissements de terrain ruineux, d'attaques de faillite par une législature socialiste et de probabilités de mise sous séquestre.

Chacun de ces éléments constituait une raison valable et suffisante pour vendre les actions de l'Iowa Midland. La comparaison est odieusement banale, mais le développement d'une rumeur défavorable à Wall Street ne ressemble en fait en rien à la traditionnelle boule de neige qui dévale une pente et devient de plus en plus grosse au fur et à mesure qu'elle roule, jusqu'à ce qu'elle devienne énorme, terrible, avec d'effroyables possibilités de faire le mal.

La salle du conseil d'administration est devenue folle de l'Iowa et du Midland. Les spéculateurs sont souvent des bêtes de somme, comme les autres animaux. Aucune action ne peut résister à leur ruée vers la vente, même si elle est « protégée » ou « soutenue » par ses manipulateurs, et encore moins une action comme Iowa Midland, dont le promoteur du marché était hors de la ville et hors de portée du télégraphe.

De partout dans la salle, des hommes se précipitent vers Brown, qui est calmement assis au « poste » de l'Erié, discutant agréablement avec un ami.

« Brown, que se passe-t-il dans l'Iowa Midland ? » demande fébrilement l'un d'eux. Les autres écoutent avec impatience.

Brown aurait pu dire « Je ne sais pas, » de manière grossière, et leur tourner le dos. Mais il ne l'a pas fait. Il a répondu sur le ton de la plaisanterie : « Il me semble que quelque chose a baissé dans l'Iowa Midland, ce quelque chose étant d'environ trois points, je dirais. Ha ! ha ! »

À ce moment-là, presque tous les auditeurs avaient conclu que, puisque Brown refusait de parler, il devait y avoir quelque chose de grave, de très grave. Brown continuait manifestement à vendre les actions par l'intermédiaire d'autres courtiers et garderait la mauvaise nouvelle pour lui jusqu'à ce qu'il ait commercialisé sa « ligne. » Après cela, il deviendrait probablement très bavard. Ils ont donc conseillé à leurs bureaux respectifs de se débarrasser de leurs actions Iowa Midland. Il se peut que tout aille bien, mais il se peut aussi que tout aille mal. Et elles s'effondraient rapidement.

Dans son bureau, M. Greener examinait la « bande » qui sortait de la petite machine d'impression électrique qui enregistre les transactions et les prix.

Le petit homme au visage blafard se permit un léger - très léger - sourire. La bande indiquait : « IA. MID, 1000. 39 ; 300. 38,75 ; 500. 0.325 ; 300. 0.75 ; 200. 0.325 ; 0.75 ; 300. 38. »

Il s'est détourné pour appeler un employé, à qui il a dit : « M. Rock, veuillez faire venir M. Coolidge. Faites vite. »

« Très bien, monsieur. »

Un homme corpulent, à la taille blanche, aux cheveux blancs et à la moustache blanche comme la neige, fait irruption sans cérémonie dans la pièce.

« Enchanté, M. Ormiston, » dit Greener avec cordialité.

« Greener, » haletait l'homme corpulent, « quel est le problème avec Iowa Midland ? »

« Comment le saurais-je ? » dans un couinement mi-complaisant, mi-pétulant.

« Brown a commencé à vendre. Je l'ai vu moi-même. Greener, je t'ai rendu service une fois avec Central District Telegraph. Je suis acheteur de 6000 actions de cette Iowa Midland. Pour l'amour de Dieu, si vous savez quoi que ce soit... »

« M. Ormiston, tout ce que je sais, c'est ce que m'apprennent mes rapports confidentiels sur la récolte de l'Iowa. Le long de la ligne de la Keokuk & Northern, la récolte n'est pas à la hauteur de mes espérances. » Et il secoua la tête d'un air maussade.

« Tic-tic-tic tic ! » dit le tic-tac, calmement.

L'homme corpulent s'approche de la petite machine. « Trente-sept et un huitième. Trente-sept ! » s'écria-t-il. Il ne termina pas la comparaison, mais sortit précipitamment du bureau, sans même prendre le temps de dire au revoir. A une heure, ses 6 000 actions à 42,5 $ représentaient 255 000 $. Aujourd'hui, à 14 heures, à 37 dollars, les mêmes actions rapporteraient environ 222 000 dollars. Une dépréciation de 33 000 dollars en une heure a de quoi faire négliger les petites attentions. En outre, il est évident qu'une tentative de vente de 6 000 actions sur un marché en baisse entraînerait inévitablement une chute encore plus importante. M. Ormiston était excusable.

M. Greener a de nouveau fait appel à un greffier confidentiel.

« M. Rock, » dit-il placidement, « téléphonez à M. Brown que Ormiston, Monkhouse & Co. sont sur le point de vendre 6 000 actions d'Iowa Midland, et que M. Coolidge ne doit pas payer plus de 35 pour cela. »

« M. Coolidge est dans votre salon privé, monsieur, » annonce un employé de bureau.

Le petit financier, le visage inexpressif et blafard, fait face à son principal courtier confidentiel. Leurs relations étaient insoupçonnées dans la rue. Tout le monde pensait que Coolidge était un homme agréable et honorable.

« Coolidge, allez immédiatement au conseil d'administration. Ormiston va vendre 6 000 actions d'Iowa Midland. Obtenez-les aussi bon marché que possible. Mais ne soyez pas pressé. »

« Combien dois-je acheter ? » demande le courtier en notant quelques chiffres dans son carnet d'ordres.

« Autant que vous pouvez ; tout ce qui est offert en dessous de 37, » a grincé le Napoléon de la rue. C'était un ordre napoléonien. « Et, Coolidge, je ne veux pas que cela se sache. Liquidez les actions vous-même. » Cela signifiait que M. Coolidge devait faire passer les actions par la chambre de compensation en son nom propre. Comme ce service est payant, en plus de la commission d'achat ou de vente habituelle, on ne recourt pas à de telles mesures, sauf si l'on souhaite dissimuler l'identité du mandant du courtier, si ce dernier est un membre de la Bourse.

« Très bien, M. Greener. Bonne journée. » Et le courtier partit en courant. « Ouf ! » sifflait-il lorsqu'il était dans la rue, en route vers la Bourse, quelques portes plus bas. « Brown & Greener doit être à court d'au moins 50 000 ou 60 000 actions. » C'était cinq fois trop. Mais cela montrait que M. Greener était impartial dans sa distribution d'impressions erronées. Il voulait accumuler les actions plutôt que de « couvrir » une position courte ; mais il n'y avait aucune raison pour que même son courtier le plus digne de confiance le sache.

Les 6.000 actions d'Ormiston sont arrivées au bureau de M. Coolidge entre 34,875 et 35,75. Entre-temps, M. Brown avait réussi à faire baisser les prix par les moyens habituels. L'homme qui avait déjà fait une faveur à Greener lui en fait maintenant une autre : un don de 40 000 dollars !

En outre, Coolidge, employant plusieurs courtiers, a acheté 23 000 actions en tout, ce qui signifie que M. Greener, après avoir « couvert » les premières « ventes à découvert » de Brown, était en possession de 14 000 actions ordinaires de l'Iowa Midland Railway Company, à un prix inférieur de près de 6 points en moyenne à celui auquel elles auraient pu être achetées la veille, c'est-à-dire 75 000 dollars de moins.

Mais Brown & Greener avaient gagné autant sur leurs ventes à découvert, ce qui revenait en fait à ce que les agneaux paient un homme pour avoir le privilège d'être tondus par lui !

Ce fut la première d'une série d'escarmouches au cours desquelles le petit Napoléon de la rue s'empara de l'offre flottante d'actions Iowa Midland, jusqu'à ce qu'il ait pas moins de 65 000 actions entre ses mains.

Tous les vieux trucs qu'il connaissait et les nouveaux dispositifs qu'il a inventés ont été utilisés pour cacher à la rue le fait que M. Greener achetait les actions à chaque occasion. Mais au-delà d'une certaine limite, les achats massifs d'une action particulière ne peuvent être dissimulés aux milliers d'hommes astucieux qui gagnent leur vie - une très bonne vie, en fait - en n'étant pas aveugles. D'abord une chose, puis une autre, ont indiqué à ces hommes qu'un puissant financier ou groupe de financiers avait acheté énormément d'Iowa Midland, « absorbant » sans ostentation toutes les actions secouées par les violentes fluctuations des derniers mois. Ce fait et l'amélioration remarquable des affaires le long de la route ont provoqué une "hausse substantielle" du prix des titres de la compagnie. Mais personne ne soupçonnait le petit Napoléon aux yeux louches, au couinement et au génie, qui avait acheté sur le marché libre, par l'intermédiaire de courtiers insoupçonnés, et dans l'Iowa auprès des détenteurs locaux, par l'intermédiaire d'agents secrets, jusqu'à ce qu'il ait accumulé 78 600 actions.

Brown dit un jour à son partenaire, un peu inquiet : « Supposons que nous ne puissions pas obtenir plus de stock, que ferons-nous avec ce que nous avons ? » Essayer de les vendre, même avec précaution, reviendrait à casser le marché.

« Brown, » dit le petit homme d'un ton plaintif, « j'ai conclu qu'au cas où je ne parviendrais pas à obtenir suffisamment d'actions pour amener Willetts et son groupe » - le président de l'Iowa Midland et ses collègues administrateurs – « à ma façon de penser, nous ferions mieux de vendre le bloc que nous détenons actuellement à la Keokuk & Northern Railway Company au prix du marché de 68 dollars l'action. Peut-être pourrions-nous même l'augmenter un peu plus. Nos actions nous coûtent en moyenne 51 dollars par action. Nous pourrions recevoir notre paiement pour moitié en espèces et pour moitié sous forme d'obligations hypothécaires de premier rang, avec une bonne décote. L'opération serait très avantageuse pour la Keokuk & Northern Company, puisque, possédant un bloc aussi important d'actions de sa rivale, il n'y aurait plus de bagarres ni de baisses de tarifs. Notre compagnie serait un facteur puissant dans les affaires de l'Iowa Midland, car nous devrions avoir deux, voire trois directeurs au sein de son conseil d'administration. »

« Plus vert, » a dit Brown, « secouez ! »

« Oh, non, pas encore, » dit le petit homme d'un ton dédaigneux.

Peu après commença une campagne d'hostilité contre la direction de l'Iowa Midland Railway Company et le président Willetts en particulier. Ce fut une campagne acharnée de diffamation, d'accusations ingénieuses et de pronostics alarmants. Tous les journaux, importants ou obscurs, subventionnés ou honnêtes, commencèrent à imprimer des articles du type techniquement connu sous le nom de « rôtisseurs. » La route, déclarait-on, avait échappé par miracle à une mise sous séquestre. L'incompétence du président Willetts était stupéfiante et incurable. Les plaintes étaient donc fondées et de nombreux actionnaires étaient sans aucun doute mécontents de la « dynastie » Willetts. Mais les journaux eux-mêmes ne savaient pas qu'ils ne faisaient que réagir aux fils artistiquement tirés par un génie financier de la première heure. Les actions baissent à nouveau. Ne sachant pas qui se battait contre lui, le président Willetts n'était pas en mesure de se défendre efficacement. De nombreux actionnaires timides ou dégoûtés vendent. M. Greener ne donna aucun signe de vie, mais ses courtiers achetèrent les actions mises en vente.

Finalement, un courtier bien connu et bavard confia à un ami intime, qui le dit à son ami intime en confidence, qui le chuchota à son copain, qui le raconta, etc., etc., que M. John F. Greener était responsable de la chute et de la montée des actions d'Iowa Midland ; que pendant des mois il les avait achetées à la Bourse ; que 145he avait tranquillement acquis de gros blocs dans l'Iowa. Tout cela était très triste et, pire encore, vrai. De plus, M. Greener détenait maintenant 182 300 actions, ce qui était encore plus triste, mais faux.

C'était vraiment très bien fait. La réunion annuelle de l'entreprise n'a lieu que dans six semaines.

Les journalistes se précipitent dans le bureau de M. Greener. Le petit financier ne veut pas être vu. Finalement, il consentit à contrecoeur à être interviewé. Il admit, après une habile démonstration de mauvaise volonté, qu'il avait acheté des actions de l'Iowa Midland. Quant au montant, il déclara que cela n'intéressait pas le grand public. Les journalistes l'ont finalement coincé et ont réussi à faire dire au petit financier, avec un sourire fugace et très particulier : « Oui, c'est plus de 100 000 actions. » Et les journalistes n'ont pas pu lui arracher un mot de plus.

En homme intelligent, il n'a jamais menti pour la publication. Tous les journalistes qui ont vu ce sourire et le regard furtif qui l'accompagnait sont repartis convaincus, au point de parier leur vie, que M. John F. Greener était à la tête de l'Iowa Midland. Et ils ont écrit en conséquence.

Le président Willetts a failli avoir une attaque apoplectique. The Street a déclaré avec dégoût : "Encore un complot infâme et réussi de Greener ! « Encore un complot crapuleux de Greener, 146 fois couronné de succès ! » Et sa réputation d' « absorbeur » de profits des routes et des chemins est telle que l'action perd dix points en deux jours. Les investisseurs et les spéculateurs affichaient un désir frénétique de ne pas être identifiés de quelque manière que ce soit avec l'une des propriétés de M. Greener.

Le petit financier ne s'est pas trompé. Sa dernière carte était sa propre mauvaise réputation ! Il l'avait réservée pour la fin. Grâce à la peur généralisée qui a suivi l' « indiscrétion » artistique de son courtier, il a pu « rafler » 32.000 actions supplémentaires à bas prix. Telle est la valeur de la célébrité !

Il détenait désormais 110 600 actions, soit un tiers du capital social de l'Iowa Midland Railroad Company, ce qui était suffisant pour contraindre Willetts à conclure des accords très profitables avec la Keokuk & Northern Railway Company de M. Greener. Bien entendu, le contrôle absolu de l'Iowa Midland était la meilleure des choses, si seulement il pouvait être assuré. Mais le petit homme au visage pâle, au front haut et aux yeux sournois avait des doutes à ce sujet. Il l'avoua à Brown en terminant par : « C'est dommage aussi. Je pourrais tirer tellement de profit de cette propriété ! »

Il estima - cela lui avait coûté 11 000 dollars pour obtenir les données nécessaires - que Willetts et sa clique détenaient 105 000 actions, de sorte qu'il restait encore 122 000 actions non comptabilisées - probablement dispersées parmi les petits investisseurs dans tout le pays, qui ne se souciaient pas de savoir qui gérait la route tant qu'ils recevaient d'agréables promesses de dividendes, et également parmi les maisons de banque et les hommes anti-Greener, qui, s'ils n'approuvaient pas Willetts, désapprouvaient encore plus catégoriquement et avec plus de véhémence Greener et ses méthodes.

S'il ne peut pas acheter les actions elles-mêmes, il doit essayer d'obtenir des procurations.

Il savait que certaines sociétés fiduciaires détenaient une bonne partie des actions recherchées. Il les a assiégées. Il les a bombardés de promesses et a déversé un feu nourri d'engagements si honorables, si éminemment sains et commerciaux, qu'ils ont percé l'armure de leur méfiance. En fin de compte, ils en vinrent à croire qu'ils agissaient sagement lorsqu'ils s'engageaient à soutenir M. Greener. La garantie qu'il leur a donnée leur a semblé à toute épreuve et ils ont accepté de lui donner leurs procurations chaque fois qu'il les demanderait.

Il a appelé son employé Rock et lui a dit : « Va à la Rural Trust Company et à la Commercial Loan & Trust Company : Voyez MM. Roberts et Morgan. Ils vous donneront des procurations de Iowa Midland à l'ordre de Frederick Rock ou de John F. Greener. »

Rock était un bel homme, calme, avec une tête très bien formée et un menton résolu. Ses manières étaient agréables. Il avait l'habitude de regarder les gens droit dans les yeux, mais ne parvenait pas toujours à donner une impression de franchise. Mais il donnait certainement l'impression d'être audacieux et enthousiaste. Ses collègues disaient que Rock passait son temps libre à étudier les opérations financières du Napoléon de la rue avec le même soin et la même minutie que les étudiants militaires étudient les campagnes de Napoléon Bonaparte - ce qui était vrai.

« M. Greener, » dit Rock, « vous détenez 110 000 actions, n'est-ce pas ? »

« Eh ? » grince Greener, innocemment.

« Je pense que, à moins que vous ne fassiez quelque chose en dehors de ce bureau, vous aurez besoin de procurations pour 50 000 actions supplémentaires afin de vous donner un contrôle absolu, d'élire votre propre conseil d'administration et de mettre en œuvre vos plans en rapport avec Keokuk & Northern. »

Le petit homme ne montra pas, ne serait-ce que par un clin d'œil, qu'il s'intéressait aux paroles de Rock, ou que l'ingérence de l'employé dans les affaires de l'entreprise sortait de l'ordinaire.

« M. Greener, » dit le greffier, très sérieusement, « je voudrais essayer de les obtenir pour vous. »

« Oui ? » grince-t-il, distraitement.

« Oui, monsieur, » répond Rock.

« Allez-y, alors, » dit M. Greener, négligemment. « Faites-moi savoir la semaine prochaine comment vous vous en sortez. »

Une expression de déception se dessine sur le visage de Rock, après quoi Greener ajoute : « Bien sûr, si vous réussissez, je vous soutiendrai. »

« Qu'allez-vous faire, M. Greener ? » demanda le greffier en le regardant droit dans les yeux.

« Je vous donnerai, » dit-il, encourageant, « dix mille dollars. »

« Est-ce un bon prix pour le travail, M. Greener ? Il se peut que je doive payer beaucoup, » ajouta le jeune employé avec une légère touche d'amertume.

« C'est tout ce qu'il vaut pour moi, M. Rock, et je pense qu'il vaut plus pour moi que pour n'importe qui d'autre.

J'augmenterai votre salaire de 1600 à 2000 par an. C'est beaucoup plus d'argent que ce que j'avais à votre âge, M. Rock. »

« Très bien, » dit Rock, calmement. « Je ferai de mon mieux. » Mais une fois éloigné de Greener, son visage rougit de colère et d'indignation. « Dix mille pour ce qui pourrait valoir dix millions pour le financier ! » Le greffier avait étudié les méthodes napoléoniennes de Greener pendant deux ans. Il avait appris la patience pour une chose, et il avait attendu sa chance. Elle était enfin arrivée, et il le savait.

Ce sont les événements qui font l'homme. Rock avait réfléchi soigneusement, intelligemment et, surtout, froidement. Il avait planifié logiquement. C'était un bon plan ; c'était le seul plan possible, et il ne pouvait pas être bouleversé par des tribunaux indiscrets. Il est un peu étrange que M. John F. Greener n'ait pas pensé au même plan. Le manque de scrupules n'effrayait pas le greffier. Il avait l'instinct d'un financier de l'école Greener.

Pendant toute cette semaine, le greffier n'a fait que collecter les procurations de l'Iowa Midland promises par les sociétés fiduciaires complaisantes. Elles s'élevaient à 21 200 actions. Au moyen de promesses séduisantes et non autorisées, il obtint 7 100 actions de maisons de courtage renommées ; en tout, il disposait de 28 300 actions. Cela signifie qu'à l'approche de l'assemblée annuelle, M. Greener peut voter 138 900 actions sur un total possible de 320 000. À moins que l'opposition ne s'unisse, l'élection est d'ores et déjà assurée de se dérouler « dans le sens de M. Greener. »

De temps en temps, lorsque le petit financier demandait à Rock comment il progressait, le commis lui répondait qu'il s'en sortait aussi bien qu'on pouvait l'espérer. Il dit également à M. Greener que les sociétés fiduciaires n'ont donné que 14 000 actions, et il ne dit rien des 7 100 actions qu'il a obtenues auprès des courtiers amis. C'était un risque désespéré que de cacher à M. Greener sa réussite, mais le greffier était audacieux.

Dès que Rock a été convaincu qu'il n'y avait plus de mandataires pro-Greener à obtenir par la ruse, il a commencé à attaquer l'ennemi. Son problème était de s'emparer des votes ou des actions anti-Greener. Il a mis son plan à exécution. Et le plan de cet employé en bonne santé, aux yeux inébranlables et au menton résolu, était digne du petit homme au visage pâle, au regard furtif et au grand front.

« C'est un cas de pile je gagne, face tu perds, » se dit Rock avec exaltation.

Le jeune homme se présenta immédiatement au bureau de Weddell, Hopkins & Co, d'importants banquiers et ennemis acharnés de M. John F. Greener et de ses méthodes. Ils connaissaient Rock comme l'un des employés confidentiels de Brown & Greener, et il n'eut aucune difficulté à obtenir une audience auprès de M. Weddell.

« Bonjour, M. Weddell. »

« Bonjour, monsieur, » dit froidement le banquier. « Je dois dire que je suis quelque peu surpris de la présomption de vos gens qui vous ont envoyé chez moi. »

« M. Weddell, » dit Rock, avec un peu trop d'empressement pour être artistique, « j'ai quitté le cabinet Brown & Greener. Ils étaient, ajouta-t-il d'un ton juvénile, trop fripons pour moi. »

Le visage de M. Weddell s'est figé. Il craignait une candidature pour un poste.

« Oui, oui ? » dit-il. Sa voix était aussi frigide que son visage.

« M. Weddell, » dit le jeune employé en regardant le vieux banquier droit dans les yeux, « vous, comme d'autres honnêtes hommes, avez souhaité pouvoir empêcher M. Greener de détruire l'Iowa Midland. Maintenant, M. Weddell, poursuivit-il, enthousiaste, je sais tout des plans et des ressources de M. Greener et je veux que vous m'aidiez à le combattre. Si vous le faites, nous gagnerons, c'est certain. »

« Comment allez-vous vous y prendre ? » demanda le vieux banquier, évasif. Il n'était pas certain qu'il ne s'agissait pas d'une ruse du versatile M. John F. Greener.

« M. Greener, » répondit le jeune Rock, « n'a pas le contrôle de la propriété. Il ne possède que 110 600 actions. J'ai eu accès aux livres, et j'en connais une partie. »

« Je ne souhaite pas que vous trahissiez les secrets d'un employeur, même s'il est mon ennemi. Je ne veux plus rien entendre. » C'était un banquier à l'ancienne, M. Weddell.

« Je ne trahis aucun secret. Il a dit lui-même qu'il avait plus de 100 000 actions, et tous les journalistes en ont conclu qu'il détenait en fait une participation majoritaire. Et c'est ce qu'il aura, à moins que vous ne m'aidiez. J'ai ici des procurations pour 28 300 actions de sociétés fiduciaires et de sociétés de commission. Mon plan est d'obtenir toutes les procurations possibles de la part des actionnaires anti-Greener et anti-Willetts. Nous pourrons alors faire en sorte que M. Willetts s'engage noir sur blanc à inaugurer les réformes indispensables et à mettre un terme à sa politique d'extravagance et à ses coûteuses dispositions en matière de circulation. M. Willetts le fera pour éviter que la route ne tombe entre les mains de M. Greener. Mais il n'y a pas de temps à perdre, M. Weddell. » L'excitation du jeu qu'il était en train de jouer le stimulait comme du vin.

« Et vous ? » demanda le vieux banquier d'un air entendu. « Où vous situez-vous ? » L'insinuation était sa dernière arme. L'insinuation était sa dernière arme. Le plan du jeune homme était vraiment le seul possible qu'il voyait.

« Moi ? Il se pourrait, M. Weddell, qu'après les élections, je sois nommé secrétaire adjoint de la société, comme preuve de la bonne foi de la direction de la réforme. Je pourrais les surveiller et représenter les intérêts de Weddell-Hopkins. Le salaire, » ajoute-t-il, avec une véritable signification artistique, « pourrait être de 5 000 dollars par an. Je n'en ai reçu que la moitié". Son salaire était exactement de 1 600 dollars ; mais pourquoi minimiser la valeur commerciale d'une personne ? »

Le vieux banquier a marché de long en large....

« Par mieux, monsieur, vous aurez nos mandataires, » dit enfin M. Weddell.

« Il serait bon de ne pas laisser M. Greener s'en douter, » ajouta Rock. Le banquier est d'accord avec lui.

Weddell, Hopkins & Co. détenaient 14 000 actions de l'Iowa Midland et, le lendemain, Rock reçut leurs procurations. Venant d'une maison aussi connue, aussi notoirement anti-Greener, elles lui servirent de lettres de créance, et il put convaincre de nombreux thomases sceptiques. Il obtint des procurations de pratiquement toutes les actions anti-Greener détenues dans la ville, ainsi qu'à Philadelphie et à Boston.

Ses absences journalières du bureau n'ont éveillé aucun soupçon, car tout le monde pensait qu'il travaillait dans l'intérêt de Brown & Greener, y compris Messieurs Brown &

Greener. Au total, les procurations qu'il a obtenues des amis de M. Greener et de ses adversaires s'élèvent à 61 830 actions. C'était vraiment une performance remarquable. Il en est très fier. Quant aux conséquences, il les avait soigneusement pesées. Il travaillait pour Frederick Rock. Il ne pouvait que réussir, quel que soit le côté de la médaille.

M. Greener l'appelle dans le bureau privé.

« M. Rock, qu'en est-il de ces procurations de l'Iowa Midland ? »

« Je les ai en sécurité, » répond l'employé, un peu défiant.

« Combien ? »

Rock sortit une feuille de papier dont il connaissait pourtant les chiffres par cœur. Il dit, d'un ton qu'il s'efforce de rendre nonchalant : « J'ai exactement 61 830 actions. »

« Qu'est-ce que c'est ? Quoi ? » La voix du Napoléon déborde d'étonnement.

Rock regarde droit dans les yeux bruns et louches de Greener. « J'ai dit, » répète-t-il, « que j'avais des procurations pour 61 830 actions. »

M. Greener s'est souvenu de lui-même. « Je vous félicite, M. Rock, d'avoir tenu votre parole. Vous verrez que je tiens la mienne tout aussi bien, » a-t-il déclaré dans son grincement habituel.

« Nous pouvons aussi bien nous mettre d'accord maintenant que n'importe quand, M. Greener. » Les yeux de Rock ne quittèrent pas le visage blafard du grand démolisseur de voies ferrées. Il savait qu'il avait franchi le Rubicon. Il se battait pour son avenir, pour la prospérité de ses rêves. Et il se battait contre le géant des géants. C'est ce que pensait le greffier, et cette pensée le réconforta merveilleusement. Il devint maître de lui, exigeant, un bourgeon napoléonien sur le point de s'épanouir pleinement.

« Qu'est-ce que vous voulez dire ? » s'est exclamé M. Greener, naïvement.

M. Brown entre. Il est arrivé juste à temps pour entendre le greffier dire : « Vous avez, en tout et pour tout, 110 000 actions d'Iowa Midland. Le président Willetts et sa foule contrôlent à peu près la même quantité. »

« Oui, » dit le petit homme au visage pâle. Son front était humide - à peine humide - de transpiration, mais son visage était inexpressif. Ses yeux étaient moins furtifs, c'est tout. Il regardait attentivement le jeune commis, car il avait compris.

« Certaines procurations sont au nom de Frederick Rock ou de John F. Greener, mais la plus grande partie est à mon seul nom. Je peux voter pour tout le monde comme je l'entends. Et le camp pour lequel je voterai aura la majorité absolue. M. Greener, j'ai le nom des directeurs, et donc du président de l'Iowa Midland. Et vous ne pouvez pas m'empêcher, vous ne pouvez pas me toucher, vous ne pouvez pas me faire quoi que ce soit, » termina-t-il d'un ton de défi. Tout cela était presque superflu, inartistique. Mais la jeunesse est un défaut que l'on surmonte avec le temps !

« Espèce d'infernale canaille ! » s'écrie M. Brown. Il avait un cou court et épais, et la colère rendait son visage dangereusement violet.

« J'ai obtenu la plupart des procurations, » poursuivit Rock, sur un ton qui sentait un peu l'autodéfense, « en assurant à Weddell, Hopkins & Co. et à leurs amis que je voterais contre M. Greener. » Il marqua une pause.

« Allez-y, M. Rock, » grinça M. Greener, « n'ayez pas peur de parler. » Le petit homme pâle à la barbe noire et au front haut avait non seulement un grand génie pour les finances, mais il possédait un culot merveilleux. Son grincement était une incohérence, mais il servait à le rendre humain.

« Vous m'avez proposé 10 000 dollars en liquide et 2 000 dollars par an. »

« Oui, » admet docilement M. Greener. « Combien voulez-vous ? » Son regard est redevenu furtif. Un grand poids avait été enlevé de son esprit. Rock le perçut et devint encore plus courageux.

« Weddell, Hopkins & Co. et leurs amis veulent que je vote pour le ticket Willetts, M. Willetts ayant promis de faire d'importantes réformes. Ma récompense sera le poste de secrétaire adjoint, dont le siège sera à New York, avec un salaire de 5 000 dollars par an, sans parler de l'appui de Weddell, Hopkins & Co. »

« J'en ferai autant et je vous donnerai 20 000 dollars en liquide, » a déclaré M. Greener, calmement.

« Non. Je veux rejoindre la Bourse de New York. Je veux que tu m'achètes un siège et que tu me donnes une partie de tes affaires. Et je veux que vous me prêtiez 50 000 dollars sur mon billet. »

« Oui ? »

« M. Greener, vous savez ce que je peux faire ; et je sais ce que le contrôle absolu de l'Iowa Midland signifie pour vous, et ce que la consolidation avec Keokuk & Northern ou la location de l'une par l'autre ferait pour les deux - et pour vous. Et je veux être votre courtier. Je vous servirai fidèlement, M. Greener. »

« Rock, » dit M. Greener, « serrez-vous la main. Je comprends parfaitement ce que vous ressentez. Je vous offrirai un siège et je vous donnerai toutes les affaires que je peux, et je vous prêterai 100 000 dollars sans aucune note. Je crois que je vous connais maintenant. Vous aurez le siège dès qu'il sera possible de l'acheter. Mes intérêts seront les vôtres à l'avenir. »

« J'ai pris toutes les dispositions nécessaires. Je peux acheter le siège à tout moment, » dit Rock, calmement, bien que son cœur batte à tout rompre à cause de la joie de la victoire. « Cela coûtera 23 000 dollars. »

« Dites à M. Simpson de me faire un chèque personnel de 25 000 dollars, » dit presque cordialement le Napoléon de la rue.

« Merci beaucoup, M. Greener, » a balbutié l'audacieux greffier. « Les procurations... »

« Oh, ce n'est pas grave, » interrompt M. John F. Greener. « Vous irez à Des Moines avec nous. Vous êtes l'un des nôtres maintenant. J'ai longtemps voulu un homme comme toi. Mais, Rock, de nos jours, les jeunes hommes sont soit des joueurs, soit des imbéciles, » ajouta-t-il avec un dernier cri plaintif.

Une semaine plus tard, M. Greener a été élu président de l'Iowa Midland Railway Company et M. Rock a été élu membre de la Bourse de New York.

L'Occasion Manquée

Depuis de nombreuses années, Daniel Dittenhoeffer souhaitait la ruine de John F. Greener. « Dutch Dan, » comme la rue appelait Dittenhoeffer, était un homme costaud aux cheveux très blonds, au nez très rouge et à la voix très forte. Greener était un homme pâle et basané, aux cheveux noirs et à la voix grinçante. Il avait des yeux bruns furtifs et un front très haut, tandis que Dittenhoeffer avait des yeux bleus francs, le menton pugnace et le cou épais d'un boxeur. Tous deux étaient membres de la Bourse de New York, mais Greener n'a jamais été vu sur le « parquet » après qu'une de ses victimes l'a soulevé par le col et l'a fait tomber de quinze pieds dans une cave à charbon sur Exchange Place. Il planifiait les naufrages des réseaux ferroviaires comme mesure préliminaire à leur absorption, tout comme un boa constrictor réduit ses victimes en bouillie pour mieux les avaler. Mais cette pratique, non maîtrisée pendant des années, l'avait rendu nerveux et maladroit.

Dan passait ses journées de 10 à 15 heures à la Bourse et ses nuits de 10 à 15 heures aux tables de roulette ou devant une table de faro. Agité comme une mer frémissante et souffrant d'une 164insomnie chronique, il était contraint de satisfaire son besoin constitutionnel de puissants stimulants, mais comme il détestait le delirium tremens, il se donnait sans cesse de grandes doses du vin du jeu - qui fait autant pour les nerfs que le meilleur whisky. Il achetait ou vendait 50 000 actions et pariait 50 000 dollars sur le tour d'une carte. À une occasion, il a proposé de parier une fortune pour deviner laquelle des deux mouches qui s'étaient posées sur une table serait la première à s'envoler. Greener a trouvé à la Bourse le moyen de parvenir à ses fins. Malgré d'innombrables expériences de travail à la Bourse, il n'avait pas, au fond de lui, une opinion exaltée des opérations boursières. Mais Dittenhoeffer pensait que la Bourse était le tribunal de dernier recours, où les financiers devaient se rendre, lorsqu'ils avaient raison, pour obtenir leur dû ; et lorsqu'ils avaient tort, pour surmonter leur dû par la force brute des dollars. Il était naturel que, dans leurs opérations sur le marché, les deux hommes soient aussi dissemblables qu'ils l'étaient dans leurs caractéristiques physiques et leur tempérament - Machiavel et Richard Cœur-de-Lion.

Personne ne sait exactement comment l'inimitié entre Greener et Dittenhoeffer a commencé. Le « petit Napoléon des chemins de fer » avait ressenti à l'égard de Dutch Dan une certaine hostilité passive pour des interférences avec diverses opérations boursières. Mais Dan détestait Greener à la folie, probablement pour la même raison qu'un faucon peut avoir de détester un serpent : l'antipathie instinctive de ce qui est totalement différent.

Des dizaines d'hommes avaient essayé de « casser » Greener, mais Greener s'était enrichi grâce à leurs efforts, la croissance de sa fortune étant proportionnelle à la contraction de la leur. Sam Sharpe était venu d'Arizona avec 12 millions de dollars pour montrer à l'Orient effacé comment écraser les « canailles financières de la classe de Greener. » Et la racaille financière n'a pas appris de nouvelle leçon, bien que le privilège d'imaginer qu'il en donnait une ait coûté à Sharpe un demi-million par mois pendant près d'un an. Puis, après que Sharpe en eut appris davantage sur le jeu - et sur Greener - il s'associa à Dittenhoeffer et, ensemble, ils attaquèrent Greener. Ils étaient d'habiles opérateurs boursiers, très riches et totalement dépourvus de craintes financières. Et ils détestaient Greener. À une époque plus glorieuse, ils auraient découpé le petit Napoléon en morceaux et auraient fait circuler son cœur rôti sur un plateau autour de la table de fête. En ce XIXe siècle incolore, ils se contentaient de tenter de le dépouiller de ses millions tachés de larmes ; pour ce faire, ils unissaient leurs propres millions enrobés de sourires - quelque sept ou huit d'entre eux - et ouvraient le feu. Leur fortune combinée se divisa en dix projectiles qui furent lancés l'un après l'autre sur le petit homme à la voix grinçante et au front haut. Le petit homme esquiva le premier, le deuxième et le troisième, mais le quatrième lui brisa la jambe et le cinquième le mit hors d'état de nuire. La rue applaudit et montre sa confiance dans les artilleurs en s'éloignant des stocks de Greener. Mais juste avant le sixième coup, Greener appela à son aide le vieux Wilbur Wise, l'homme au cœur de peau et aux trente millions en liquide. Un rempart d'obligations d'État à hauteur d'homme fut érigé autour du Napoléon prostré et les canonniers financiers cessèrent de tirer de précieux projectiles. Les nouvelles fortifications étaient imprenables et ils le savaient ; ils se contentèrent donc de ramasser leurs propres munitions et un ou deux petits chemins de fer abandonnés par Greener dans sa hâte de se mettre à l'abri. Ensuite, Sharpe est parti en Angleterre pour gagner le Derby et Dittenhoeffer est allé à Long Branch pour se divertir en jouant à un jeu de faro sans limite qui lui a coûté en moyenne 10 000 dollars par nuit pendant un mois.

Il y a eu une période de paix à Wall Street après la dernière rencontre entre le petit Napoléon et Dutch Dan. Mais au bout de quelques mois, le combat reprit. Greener souhaitait faire monter ses actions en général, et plus particulièrement celles de sa société fétiche, la Federal Telegraph Company. Pour montrer qu'il n'était pas nécessaire d'accélérer le mouvement haussier, Dan a vendu l'action à découvert chaque fois que Greener a essayé de faire monter le prix. Quatre fois Greener a essayé et quatre fois Dittenhoeffer lui a vendu quelques milliers d'actions - juste assez pour freiner la progression. Jusqu'à un certain point, un manipulateur d'actions réussit. Sa manipulation peut comporter de nombreuses actions et dispositifs ingénieux et complexes, mais le fait élémentaire dans la manipulation des taureaux est d'acheter plus que l'autre ne peut ou ne veut vendre. Greener était prêt à acheter, mais Dan était encore plus disposé à vendre.

Greener était vraiment dans une situation désespérée. Il s'était engagé dans de nombreuses entreprises importantes. Pour les mener à bien, il avait besoin de liquidités et les banques, effrayées par les possibilités du marché boursier, répugnaient à lui en prêter suffisamment. En outre, les directeurs des banques souhaitaient faire de bonnes affaires si leur refus de prêter de l'argent à Greener l'obligeait à jeter par-dessus bord la plus grande partie de son chargement. Greener avait dépouillé d'innombrables veuves et orphelins dans ses projets de démolition de chemins de fer. Les prêteurs devraient venger les veuves et les orphelins. C'était une bonne action. Il n'y avait aucun doute à ce sujet dans leur esprit.

Le Federal Telegraph, dans lequel les engagements de Greener étaient les plus lourds, avait lentement sombré. Ayant réussi dans d'autres secteurs du marché, Dutch Dan a décidé de « mettre le feu aux poudres à Fed. Tel. » Il s'y emploie calmement, comme il joue à la roulette, en la vendant méthodiquement, sans relâche, de façon déprimante. Et le prix s'effondre. Greener, qui n'avait pas réussi dans d'autres secteurs de la rue, décida qu'il était temps de faire quelque chose pour se sauver. Il n'a besoin que de 5 000 000 de dollars. A la rigueur, 3 000 000 de dollars pourraient suffire ; ou même, pour l'instant, 2 500 000 dollars. Mais il doit avoir l'argent immédiatement. Tout retard est synonyme de danger, et tout danger est synonyme de Dittenhoeffer, et Dittenhoeffer peut être synonyme de mort.

Soudain, surgie de nulle part, engendrée par personne, la rumeur a couru dans la rue que Greener était en difficulté. Les goules financières se sont précipitées dans les banques et ont interrogé les présidents. Ils n'ont posé aucune question pour ne pas obtenir de mensonges. Ils ont simplement dit, comme s'ils savaient : « Greener est en difficulté. »

Les présidents des banques ont souri, avec indulgence, presque avec pitié : « Oh, vous venez de l'entendre, n'est-ce pas ? Nous le savons depuis six semaines ! »

Les goules se précipitèrent à la Bourse pour vendre les actions de Greener - non pas Federal Telegraph, qui était vraiment une bonne propriété, mais ses routes réorganisées, dont la renaissance était si récente qu'elles n'avaient pas encore atteint leur pleine puissance. Les prix baissèrent et les chuchotements augmentèrent : « Dittenhoeffer a enfin obtenu Greener ! »

Un millier de courtiers se sont précipités à la recherche de leur cher ami Dan pour le féliciter - le conquérant de Napoléon, le héros de l'heure, le futur dispensateur de commissions généreuses, mais ce cher Dan était introuvable. Il n'était ni sur le « floor » de la Bourse, ni à son bureau.

Quelqu'un avait cherché Dittenhoeffer avant que les courtiers ne pensent à le féliciter - quelqu'un qui était le plus grand joueur de tous, plus grand encore que Dutch Dan - un petit homme aux yeux bruns furtifs et à la voix grinçante, avec aussi un front magnifique : M. John F. Greener.

« Monsieur Dittenhoeffer, je vous ai fait venir pour vous poser une question, » grince-t-il, calmement. Il se tenait à côté d'un téléscripteur gargantuesque.

« Certainement, M. Greener. » Et Dittenhoeffer a immédiatement eu la vision d'humbles demandes de « laisser tomber. » Et il a presque formulé les mots mêmes d'un refus cinglant.

« Voulez-vous exécuter un ordre de ma part ? »

« Certainement, M. Greener. J'exécuterai les ordres de n'importe qui. Je suis un courtier. »

« Très bien. Vendez 50 000 actions de la Federal Telegraph Company pour moi. »

« Quel prix ? » note-t-il, par habitude, l'esprit paralysé.

« Le meilleur que vous puissiez obtenir. Le stock, » en jetant un coup d'œil à la bande, « est de 91. »

« Très bien. »

Les deux hommes se sont regardés, Dutch Dan à moitié menaçant, Greener, calmement, fermement, ses yeux furtifs étant presque véridiques.

« Bonjour, » dit longuement Dittenhoeffer, et la tête haut perchée du petit homme acquiesce d'un signe de tête dédaigneux.

Dittenhoeffer se hâte de retourner à la Bourse. A l'entrée, il rencontre son associé, Smith - le « Co » de D. Dittenhoeffer & Co.

« Bill, je viens de recevoir un ordre de Greener de vendre 50 000 actions de Federal Telegraph. »

« Qu'est-ce que c'est ? » s'étonne Smith.

« Greener m'a fait venir, m'a demandé si j'acceptais un ordre de sa part, j'ai dit oui, et il m'a dit de vendre 50 000 actions de Telegraph, et je suis... »

« Tu l'as, Dan. Tu l'as, » exultant.

« Je vais couvrir mes 20 000 actions avec la première moitié de l'ordre et vendre le reste du mieux que je peux. »

« Homme vivant, c'est ta chance ! Ne voyez-vous pas que vous le tenez ? Smilie, de la Eastern National Bank, m'a dit qu'aucune banque de la ville ne prêterait de l'argent à Greener, et il en a grand besoin pour payer les derniers 10 000 000 $ aux détenteurs d'obligations de l'Indian Pacific. Il a fait plus que ce qu'il pouvait faire, bon sang ! »

« Eh bien, Bill, nous traiterons M. Greener comme n'importe quel autre client, » a déclaré M. Dittenhoeffer.

« Mais... » commença Smith, avec une consternation non dissimulée ; c'était un honnête homme, lorsqu'il n'était pas dans la rue.

« Oh, je l'aurai encore. Cela ne le sauvera pas. Je l'aurai encore, » avec un sourire confiant.

Il lui aurait été très facile de profiter de l'ordre de Greener pour faire fortune. Il était à court de 20 000 actions qu'il avait placées à un prix moyen de 93. Il aurait pu prendre le bloc de 50 000 actions de Greener et le lancer à corps perdu sur le marché. Même une action de type « Gilt Edge » n'aurait pu résister à l'impact d'un coup aussi redoutable, et le prix de Federal Telegraph aurait sans aucun doute perdu 15 points ou plus, et il aurait pu facilement reprendre ses actions à découvert à 75 ou peut-être même à 70 - ce qui aurait signifié un profit d'un demi-million de dollars et une perte d'un million dont son ennemi juré, Greener, avait grand besoin. Et s'il avait permis à son partenaire de chuchoter en toute confidentialité à un ami que Dan vendait une grande ligne de Télégraphe pour Greener, la « Room » se serait emballée et tout le monde se serait empressé de vendre et le déclin se serait accentué au point d'handicaper le petit Napoléon, peut-être au-delà de tout espoir de rétablissement. Greener avait-il commis l'erreur la plus colossale de sa vie en donnant l'ordre à son ennemi ?

Dan se rendit au poste du télégraphe fédéral où une vingtaine de fous furieux criaient à tue-tête les prix qu'ils étaient prêts à payer ou à accepter pour des quantités variables d'actions. Il a donné à vingt courtiers l'ordre de vendre chacun 1 000 actions au meilleur prix possible et a pris lui-même, par l'intermédiaire d'un autre homme, une quantité égale. Le lendemain, il a vendu en personne 20 000 actions et le troisième jour, les 10 000 dernières actions de l'ordre de Greener. La rue pensait que ces ventes étaient effectuées pour son propre compte. Il s'agissait d'actions à découvert, c'est-à-dire que ses collègues pensaient qu'il vendait des actions qu'il ne possédait pas, espérant les racheter plus tard à bas prix. Ce type de vente n'a jamais l'effet déprimant des actions « longues » car il est évident que le vendeur à découvert doit tôt ou tard racheter les actions, assurant ainsi une demande future qui devrait exercer une influence à la hausse sur les prix ; en effet, il n'y a pas d'autre solution que de vendre des actions à découvert.

« Celui qui vend ce qui n'est pas à lui. Il faut le racheter ou aller en prison. »

Et Dittenhoeffer a pu obtenir une moyenne de 86 dollars par action pour les 50 000 actions de la Federal Telegraph Company détenues par Greener, car la Bourse a convenu, avec de nombreuses secousses, que Dan devenait trop imprudent et que Greener était un petit malin glissant, que les intérêts à court terme devaient être tout simplement énormes et que le danger d'une mauvaise « pression » était excessivement grand. C'est pourquoi ils se sont abstenus de « frapper » Telegraph. En effet, de nombreux traders astucieux ont vu, dans la faiblesse apparente de l'action, un piège du petit Napoléon rusé et ils l'ont « trompé » en achetant astucieusement Federal Telegraph !

Avec les 4 300 000 dollars qu'il a reçus de la vente du gros bloc d'actions, Greener a surmonté ses autres problèmes et a réalisé tous ses projets. C'était un coup audacieux que de s'en remettre à l'honneur professionnel d'un courtier en valeurs mobilières. Il est ainsi devenu propriétaire d'un grand réseau ferroviaire. Les attaques ultérieures de Dutch Dan n'ont fait aucun mal. Greener avait saisi une occasion et Dittenhoeffer en avait perdu une.

Le Pike's Peak ou Le Gouffre

Il n'avait que dix-sept ans, les cheveux clairs et les joues roses, avec des yeux bleus de jeune fille, lorsqu'il a postulé pour le poste vacant dans le bureau de Tracy & Middleton, Bankers and Brokers (banquiers et courtiers). Il s'appelait Willis N. Hayward, et c'est avec fierté qu'il a été choisi parmi vingt « candidats » pour occuper le poste de téléphoniste de l'entreprise.

De 10 heures à 15 heures, il se tenait près du téléphone privé de Tracy & Middleton, à l'étage de la Bourse, dans la salle du conseil, recevant les messages du bureau - principalement des ordres d'achat ou de vente d'actions pour les clients - et transmettant les mêmes messages au « membre du conseil » de l'entreprise, M. Middleton ; il téléphonait également les rapports de M. Middleton au bureau. Il parlait d'une voix douce et raffinée, et ses yeux bleus rayonnaient avec tant d'ingénuité sur les autres garçons du téléphone qui se trouvaient dans la même rangée de cabines, qu'ils dirent qu'ils avaient un Sally dans leur allée, et ils le surnommèrent immédiatement Sally.

Pour le jeune Hayward, qui n'était sorti de l'internat que depuis quelques mois, c'était tout à fait merveilleux : la course effrénée d'hommes à l'air inquiet, l'agitation frénétique des mains, les cris maniaques des courtiers exécutant leurs ordres sur les différents « postes, » et leur soudaine rechute dans la demi-folie lorsqu'ils notaient le prix auquel ils avaient vendu ou acheté des actions. Il n'était pas surprenant qu'il ne comprenne pas comment ils travaillaient, mais ce qui l'impressionnait le plus était le fait, attesté par ses collègues, que ces mêmes courtiers qui clamaient et gesticulaient étaient en fait censés gagner beaucoup d'argent. Il avait entendu parler des gains de 100 000 dollars de « Sam » Sharpe dans Trolley De Banlieue, et du fameux coup d'un million de dollars de « Parson » Black dans Western Delaware - le petit homme gris lui ayant même été montré du doigt pour corroborer ses dires. Mais il avait aussi entendu parler d'Aladin et de la lampe merveilleuse, et de Jack le tueur de géants.

Il a appris le métier, comme presque tous les garçons à Wall Street, par absorption. S'il posait des questions, il recevait des réponses, mais personne ne lui donnait spontanément des informations pour le guider, et pour se défendre, il était obligé d'observer de près, de voir comment les autres faisaient, et de remarquer ce qui en résultait. Il n'entendit rien d'autre que spéculer ! Sous une forme ou une autre, plusieurs mots pour la même signification. Il s'agissait d'acheter ou de vendre des actions - un espoir concentré et presque visible de gagner beaucoup d'argent en un clin d'œil. Personne ne parlait d'autre chose à la Bourse. Les amis se rencontraient à l'ouverture des bureaux et ne se disaient pas « Bonjour, » mais se plongeaient sans préambule dans le seul sujet qui existe sur terre - la spéculation. Et si l'un d'eux arrivait en retard, il demandait inévitablement et immédiatement : « Comment va le marché

? » - il le demandait avec impatience, avec anxiété, comme s'il craignait que le marché n'ait profité de son absence pour se mal conduire. L'air était presque irrespirable pour les innombrables « tuyaux » pour acheter ou vendre des titres et des valeurs de toutes sortes. Les courtiers, les clients, les commis, les portiers de la Bourse, tout Wall Street lisait les journaux du matin, non pas pour connaître les nouvelles, mais pour choisir les articles qui auraient, devraient ou pourraient avoir un effet sur la valeur des actions. Il n'y avait pas d'autre dieu que le téléscripteur, et les courtiers étaient ses prophètes !

Autour de Sally, il y avait des centaines d'hommes qui avaient l'air de ramener leurs pensées chez eux, de dîner avec eux, de dormir avec eux et de rêver d'eux - le regard était devenu fixe, immuable. Et ce n'était pas un regard agréable, au niveau des yeux et des lèvres. Il voyait partout la fébrilité du « jeu. » Insensiblement, l'atmosphère du lieu l'affectait, colorait ses pensées, induisait certaines fantaisies. A mesure qu'il se familiarisait avec la technique du métier, il en vint à croire, comme des milliers d'observateurs jeunes ou superficiels, que les mouvements de la bourse n'étaient comparables qu'aux girations de la petite boule d'ivoire autour de la roulette. Les innombrables tours de passe-passe, l'utilisation de la désinformation interne, la logique de la manipulation des marchés boursiers étaient pour lui un livre fermé. Il entendait seulement que son voisin de dix-huit ans avait gagné 60 dollars en achetant vingt actions de Blue Belt Line le jeudi et en les revendant le samedi, 3,375 points plus haut ; ou que Micky Welch, le garçon-téléphone de Stuart & Stern, avait reçu un « tuyau » de l'un des traders de la grande salle qu'il avait courageusement « joué » - comme on « joue » au cheval ou au rouge ou au noir - et qu'il avait gagné 125 dollars en moins d'une semaine ; ou que Watson, un courtier « à deux dollars, » avait fait un « joli tour » en vendant Southern Shore. Ou encore, il entendit, ponctué de serments poignants, comment Charlie Miller, l'un des portiers de New Street, avait perdu 230 dollars en achetant Pennsylvania Central, après avoir accidentellement entendu Archie Chase, qui était le courtier principal de « Sam » Sharpe, dire à un ami que le « Vieux » avait dit que « Pa. Cent. » devait connaître une hausse de dix points, alors qu'il y avait eu une baisse de sept points. Le garçon entendait toujours parler des « hausses » et « baisses » apparemment irresponsables, des gains des hommes qui avaient deviné correctement, ou des pertes de ceux qui n'avaient pas su « annoncer le virage. » Même la langue vernaculaire de l'endroit évoquait les détails techniques d'une maison de jeu.

Avec le temps, l'attrait du jeu s'est estompé, de même que ses scrupules. Ses employeurs et leurs clients - tous des gentlemen, des gens agréables - spéculaient tous les jours, et personne ne leur reprochait quoi que ce soit. Ce n'était pas un péché, c'était une activité normale. Ainsi, chaque fois qu'il y avait une « bonne affaire, » il « contribuait » à hauteur d'un dollar à une « cagnotte » de garçons du téléphone qui, plus tard, a fonctionné dans un magasin de seaux de New Street jusqu'à concurrence de dix actions. Ses moyens étaient modestes, son salaire n'étant que de 8 dollars par semaine, et il se disait souvent que s'il avait un peu plus d'argent, il pourrait spéculer sur une plus grande échelle et faire des bénéfices proportionnels. Si à chaque fois qu'il avait acheté une action, il en avait gardé vingt, il se disait qu'il aurait gagné pas moins de 400 dollars en trois mois.

Lorsqu'un garçon commence à raisonner de la sorte, il est temps de passer à autre chose. N'ayant aucun scrupule à spéculer, le problème pour lui n'était pas de savoir si c'était mal de spéculer, mais plutôt de savoir ce qu'il fallait faire pour collecter de l'argent à des fins marginales. Il lui a fallu près de quatre mois pour arriver à ce stade de réflexion. Chez beaucoup de garçons, la question est posée et résolue de façon satisfaisante en trois semaines. Mais Hayward était un garçon exceptionnellement gentil.

Le poste de garçon de téléphone est vraiment important, car il exige non seulement un esprit vif, mais aussi une personne digne de confiance. En premier lieu, le garçon sait si son entreprise achète ou vend certaines actions ; il doit faire preuve de discrimination dans l'attribution des ordres, au cas où le membre du conseil d'administration de l'entreprise ne serait pas disponible au moment où le garçon reçoit l'ordre. Par exemple, International Pipe peut se vendre à 108 euros : International Pipe peut se vendre à 108. Un employé de Tracy & Middleton, qui a acheté 500 actions de cette société à 104, souhaite « encaisser » ses bénéfices. Il donne l'ordre à l'entreprise de vendre l'action, disons, « au marché, » c'est-à-dire au prix du marché en vigueur. Tracy & Middleton téléphonent immédiatement par leur ligne privée à la Bourse à leur administrateur pour lui demander de « vendre 500 actions de Tuyaux Internationaux au prix du marché. » Le téléphoniste reçoit le message et « affiche » le numéro de M. Middleton, ce qui signifie que sur la bande multicolore à carreaux de la frise du mur de New Street, le numéro de M. Middleton, 611, apparaît au moyen d'un dispositif électrique. Dès que M. Middleton s'aperçoit que son numéro est affiché, il se précipite à la cabine téléphonique pour savoir ce qu'on lui demande. Si M. Middleton tarde à répondre à son numéro, le téléphoniste sait qu'il est absent et donne l'ordre à un courtier « à deux dollars, » comme M. Browning ou M. Watson, qui tournent toujours autour des cabines à la recherche d'ordres. Il fait de même s'il sait que M. Middleton est très occupé à exécuter un autre ordre ou si, à son avis, l'ordre doit être exécuté immédiatement. Le courtier à deux dollars vend les 500 actions d'International Pipe à Allen & Smith et « abandonne » Tracy & Middleton dans la transaction, c'est-à-dire qu'il notifie à l'acheteur qu'il agit pour le compte de T. & M., et qu'Allen & Smith doit s'adresser à cette dernière société - les véritables vendeurs - pour les actions qu'il a achetées. Pour ce service, le courtier employé par Tracy & Middleton reçoit la somme de 2 dollars pour 100 actions, tandis que Tracy & Middleton facture bien entendu à ses clients la commission habituelle d'un huitième de pour cent, soit 12,50 dollars pour 100 actions.

Le jeune Hayward s'occupait attentivement de ses affaires et, lorsque M. Middleton était absent ou occupé, il répartissait impartialement les ordres d'achat ou de vente téléphonés de la société entre les courtiers à deux dollars, car Tracy & Middleton faisait de très bonnes affaires à la commission. C'était un beau petit gars qui se comportait bien, c'était Hayward - un visage propre, poli et aimable. Les courtiers l'aimaient bien et se souvenaient de lui à Noël. Le meilleur souvenir était celui de « Joe » Jacobs, qui lui donna 25 dollars et insinua qu'il aimerait faire plus d'affaires avec Tracy & Middleton que ce qu'il avait obtenu.

« Mais, » dit Sally, « l'entreprise a dit que je devais donner l'ordre au courtier que je trouverais en premier. »

« Je ne suis jamais trop occupé pour recevoir des commandes d'un jeune homme aussi sympathique que vous, si vous vous donnez la peine de me trouver, et je vais faire quelque chose de gentil pour vous, » dit Jacobs d'un ton oléagineux. « Écoutez, » murmura-t-il, « si vous me donnez beaucoup de travail, je vous donnerai cinq dollars par semaine. » Et il plongea dans la foule qui hurlait à tue-tête à propos du poste de gaz de Gotham.

Le premier réflexe de Hayward fut d'en parler à son entreprise, car il sentait vaguement que Jacobs ne lui aurait pas offert 5 dollars par semaine s'il n'avait pas attendu quelque chose de déshonorant en retour. Cependant, avant la fermeture du marché, il a parlé à Willie Simpson, le garçon de MacDuff & Wilkinson, dont le téléphone se trouvait à côté de celui de Tracy & Middleton. Bien sûr, Willie se montre très indigné par l'action de Jacobs.

« C'est comme cette vieille mouffette, » dit Willie. « Cinq dollars par semaine, alors qu'il peut gagner 100 dollars avec l'entreprise. Ne fais pas ça, Sally. Jim Burr, qui occupait la place avant toi, recevait 20 dollars par semaine du vieux Grant et 50 dollars par mois de Wolff. C'est une affaire gagnée d'avance, si tu sais comment t'y prendre. Ils sont censés vous donner cinquante cents par cent. » Willie était dans le métier depuis deux ans, et c'était un jeune homme très bien habillé. Sally comprenait maintenant comment il arrivait à s'en sortir avec un salaire de 12 dollars par semaine.

Il ne dit rien à l'entreprise ce jour-là, ni aucun autre jour. Et il ne dit rien à Jacobs en retour, mais, sur le sage conseil de Willie, il se contenta de refuser tout ordre à cet oléagineux personnage, jusqu'à ce que M. Jacobs soit poussé à faire des remontrances. Et Sally, qui avait beaucoup appris en une semaine sous la direction de Willie, répondit sèchement : « Les affaires sont très mauvaises ; la firme ne fait presque rien. »

« Mais Watson m'a dit, » dit Jacobs avec colère, « qu'il faisait beaucoup d'affaires pour Tracy & Middleton. Je veux que vous veilliez à ce que je reçoive ma part, ou je parlerai à Middleton pour savoir ce qu'il en est. »

« C'est vrai ? » dit Sally, calmement. « Vous pourriez aussi dire à M. Middleton que vous m'avez proposé 5 dollars par semaine pour vous confier l'essentiel de nos affaires. »

L'une des lois les plus strictes de la Bourse concerne les commissions de « splitting. » Tout membre qui, pour accroître ses affaires, facture à un tiers ou à un autre membre moins que le montant exact prescrit pour l'achat ou la vente d'actions, est passible de sanctions sévères. L'offre d'un courtier à deux dollars de donner à un téléphoniste cinquante cents pour chaque ordre de 100 actions obtenu était manifestement une violation de la règle.

Jacobs s'est immédiatement mis au travail. « Je vais faire 8 dollars, » dit-il d'un ton conciliant.

« Jim Burr, qui occupait le poste avant moi, » s'indigna Sally, « m'a dit qu'il recevait 25 dollars par semaine de M. Grant, avec un supplément de 10 dollars de temps en temps, quand M. Grant avait de la chance, sans parler de ce que les autres hommes faisaient pour lui. »

Trois mois auparavant, il n'aurait pas pu prononcer ce discours si sa vie en avait dépendu. Le développement rapide de son caractère est dû exclusivement au pouvoir « forçant » de l'atmosphère qui l'entourait.

« Vous devez être fou, » dit Jacobs avec colère. « Je ne reçois jamais plus de mille actions par semaine de Tracy & Middleton, et généralement moins de 187. Vous devriez être sur le terrain. Vous gaspillez votre talent dans le domaine du téléphone. Échangeons nos places, vous et moi. »

« Selon nos livres, » dit Sally au courtier irrité, après avoir été dûment coaché par M. William Simpson, « la dernière semaine où vous avez travaillé pour nous, vous avez vendu 3 800 actions et reçu 76 dollars. »

« C'était une semaine exceptionnelle. J'en ferai 10, » a déclaré M. Jacobs.

« Vingt-cinq, » murmura Sally, déterminée.

« Partageons la différence, » murmure Jacobs, furieux. « Je te donnerai 15 dollars par semaine, mais tu dois veiller à ce que je reçoive au moins 2 500 actions par semaine. »

« D'accord. Je ferai de mon mieux pour vous, M. Jacobs. »

Et il le fit, car les autres courtiers ne lui donnèrent que vingt-cinq cents, ou tout au plus cinquante cents par centaine d'actions. En l'espace d'un mois ou deux, Sally disposait d'un revenu de 40 dollars par semaine. Et il n'avait que dix-huit ans.

Le temps a passé. Comme cela s'était passé avec son prédécesseur, cela se passait maintenant avec Sally. Il commence par spéculer, d'abord sauvagement, puis plus prudemment. Il essuya de nombreux revers, mais il eut aussi beaucoup de chance, et il avait une bonne longueur d'avance, certainement une somme bien plus importante que ce que n'importe quel employé de bureau pourrait économiser en cinq ans, plus importante que ce que n'importe quel mécanicien industrieux économise dans toute sa vie. Des bucket-shops, il passa à la Bourse consolidée. Il demanda alors à Jacobs et aux autres courtiers à deux dollars de le laisser faire de petites transactions avec eux, ce qu'ils firent par sympathie personnelle pour lui, jusqu'à ce qu'il ait trois comptes séparés et puisse « balancer une ligne » de plusieurs centaines d'actions. Il n'était ni plus ni moins que 10 000 autres êtres humains à Wall Street, mus par les mêmes impulsions, animés par les mêmes sentiments, éprouvant les mêmes émotions, ayant les mêmes pensées et les mêmes points de vue sur ce qu'ils se plaisent à appeler leurs « affaires. »

Enfin, le coup que Sally redoutait depuis si longtemps est tombé : elle a été « promue » à un poste d'employée de bureau chez Tracy & Middleton. L'entreprise entendait ainsi récompenser son dévouement au travail, sa vivacité d'esprit et sa rapidité. De 15 dollars par semaine, son salaire passa à 25 dollars, ce qu'ils considéraient comme très généreux, surtout si l'on tient compte de sa jeunesse et du fait qu'il avait commencé trois ans plus tôt avec 8 dollars. Il n'avait que vingt ans maintenant. Mais Sally, sachant que cela signifiait l'abandon de ses lucratifs perquises en tant que « boy » du téléphone, déplorait son sort immérité.

Il apporta l'argent qu'il avait gagné à M. Tracy et lui raconta l'histoire intéressante d'une riche tante et d'un héritage, et lui demanda de le laisser ouvrir un compte au bureau. Tracy félicita son jeune employé, prit les 6 500 dollars et, par la suite, Sally fut à la fois employée et cliente de Tracy & Middleton.

Bien que M. Tracy soit un adepte des pratiques pointues et qu'il aime les commissions, il s'efforce néanmoins de freiner la propension de Sally à « plonger, » ce qui est aussi peu aimable qu'il est possible de l'être pour un courtier en valeurs mobilières. Mais l'argent était « venu facilement. » C'est pourquoi les fortunes gagnées par les joueurs d'actions sont perdues avec une apparente insouciance ou stupidité. Sally a spéculé avec plus ou moins de succès, augmentant ses gains jusqu'à 10 000 dollars, puis les voyant diminuer jusqu'à 6 000 dollars. Mais en plus de devenir un spéculateur invétéré, il acquiert une expérience précieuse. Une fois qu'il eut appris les ficelles du métier, on le retira des registres et on le lâcha dans la salle des clients, pour qu'il prenne les ordres de ces derniers, qu'il les garde de bonne humeur, qu'il leur raconte les histoires du moment, qu'il leur donne des « tuyaux » murmurés de façon impressionnante, qu'il les fasse participer aux diverses « affaires » de la société et qu'il veille à ce qu'ils négocient le plus souvent possible, ce qui se traduisait par des commissions pour la société. Il se lie d'amitié et devient même familier avec les clients de Tracy & Middleton, parmi lesquels se trouvent des hommes très riches, car le bureau d'un courtier en bourse est un lieu démocratique. Des hommes qui, pour des millions de raisons, n'auraient jamais rêvé d'emmener leurs connaissances de Wall Street chez eux ou dans leurs clubs, s'y appelaient tous par leur prénom.

C'était vraiment un homme brillant et aimable, très serviable - il était payé pour cela par l'entreprise - et il tirait le meilleur parti de ses opportunités. Les clients en vinrent à l'apprécier énormément et à avoir du respect pour son jugement en matière de marché. Un jour, W. Basil Thornton, l'un des clients les plus riches et les plus audacieux de la société, s'est plaint de la difficulté de « battre le jeu » avec le lourd handicap de l'importante commission de courtage.

En plaisantant, mais en espérant être prise au sérieux, Sally a dit : « Rejoignez la Bourse de New York ou achetez-moi un siège, et formez la société Thornton & Hayward. Pensez-y,

Colonel, nous aurions votre commerce, et vous pourriez amener quelques amis, et je pourrais amener les miens, et je pense que beaucoup d'entre eux - en désignant les clients de Tracy & Middleton - viendraient à nous. Ils pensent tous beaucoup, » dit-il diplomatiquement, « à vos opinions sur le marché. »

Thornton est favorablement impressionné par l'idée, et Sally le voit. À partir de ce moment, il s'est efforcé de gagner la confiance du colonel. C'est lui qui a donné à Thornton le premier indice de la situation de Tracy & Middleton, ce qui a conduit au retrait du compte de Thornton - et du sien - du bureau. Il s'agit d'une violation de la confiance et de l'éthique des affaires, mais Thornton est très reconnaissant lorsque, deux mois plus tard, Tracy & Middleton fait faillite, dans des circonstances qui sont loin d'être crédibles et qui ont été longuement discutées par la rue. Il manifesta sa gratitude en ajoutant une somme rondelette aux 11 500 dollars de Sally, et Willis N. Hayward devint membre de la Bourse de New York. Peu après, la société Thornton & Hayward, banquiers et courtiers, est créée. Sally, alors dans sa vingt-cinquième année, est devenu un homme expérimenté de Wall Street.

Dès le début, la nouvelle société se porte bien. Le colonel Thornton et deux ou trois amis qui l'avaient suivi depuis le bureau de Tracy & Middleton, tous des « plongeurs, » suffisaient presque à occuper Hayward à la Bourse pour exécuter les commandes et, de surcroît, de nouveaux clients arrivaient. S'il s'était contenté de ce démarrage et avait laissé le temps faire le reste, il se serait très bien débrouillé. Mais il commença à spéculer pour lui-même, et tous les commissionnaires réputés vous diront, avec plus ou moins d'insistance, que non seulement cela « immobilise » l'argent de l'entreprise, mais qu'aucun homme ne peut « négocier » - spéculer à son propre compte - et en même temps rendre justice à ses clients.

Thornton était un homme riche et protégeait ses propres spéculations plus qu'amplement. Il remarqua le développement des penchants au jeu de son jeune partenaire et le réprimanda - d'une manière gentille et paternelle.

Sally a juré qu'il arrêterait.

En moins de trois mois, il a rompu sa promesse à deux reprises, et ses opérations infructueuses en Alabama Coal ont un temps menacé d'embarrasser sérieusement l'entreprise.

Le colonel Thornton est venu à la rescousse.

Sally a promis, avec une solennité née d'une peur sincère, de ne plus jamais recommencer.

Mais la peur ne dure qu'un temps et la mémoire est tout aussi éphémère. Wall Street n'a pas de place pour les hommes qui ont un excès de timidité ou de mémoire. Il avait déjà joué avant d'entrer à la Bourse de New York. Après tout, si spéculer était un crime et que l'on pouvait obtenir des condamnations dans cinquante cas flagrants sur cent, la moitié de la population masculine des États-Unis serait forcément composée de gardiens de prison, toujours occupés à surveiller l'autre moitié condamnée, dit un jour Sally à un client.

Et puis, Willis N. Hayward, membre du conseil d'administration de Thornton & Hayward, était une personne très différente de Sally, le gentil petit garçon du téléphone de Tracy & Middleton. Ses joues n'étaient pas roses, elles étaient tachetées. Ses yeux n'étaient pas clairs et ingénus ; ils étaient sournois et un peu larmoyants. Il travaillait à Wall Street depuis huit ou dix ans, et il surmenait ses nerfs tous les jours de 10 heures à 15 heures à la Bourse, ainsi que de 17 heures à minuit au café d'un grand hôtel de la ville, où les hommes de Wall Street se réunissaient pour parler affaires. Son système a besoin de stimulants ; le jeu et l'alcool sont les plus puissants qu'il connaisse.

Lorsque, au bout de trois ans, la société est devenue caduque, le colonel Thornton s'est retiré. Il en avait assez de la dégringolade de Hayward. Certes, Sally était devenu un « trader » avisé, et il avait gagné 75 000 dollars pendant le grand boom boursier ; mais il n'était au fond qu'un « trader, » c'est-à-dire un simple joueur d'actions, et non un commissionnaire recherché.

Mais Sally, auréolée de son succès du côté des taureaux, ne s'inquiète pas du refus de Thornton de poursuivre le partenariat. Le slogan était « Achetez A. O. T. C'est sûr que ça va monter, » l'initiale signifiant « Toute chose. » La période la plus prospère de l'histoire industrielle et commerciale des États-Unis a donné lieu à une épidémie de folie spéculative telle qu'on n'en avait jamais connue auparavant et qu'on n'en connaîtra probablement jamais plus. Tout le monde avait de l'argent en abondance et le désir de spéculer en surabondance. Sally créa immédiatement une nouvelle société - Hayward & Co - avec son caissier comme associé.

Toutes les choses banales ont une fin, même les marchés haussiers et baissiers. Pendant le marché haussier, Hayward & Co. a fait de bonnes affaires, comme tout le monde à Wall Street. Il a pris fin et les clients de l'entreprise, après quelques mauvais « effondrements » des prix, ont été invités à devenir des « baissiers » afin de récupérer leurs pertes. Les baissiers pensent que les prix sont trop élevés et devraient baisser ; les haussiers, optimistes, pensent le contraire. Le public ne peut pas vendre des actions « à découvert, » pas plus que l'homme moyen n'est gaucher. Ces clients ne faisaient pas exception et n'ont donc rien fait.

Hayward avait « dépassé » le marché haussier, mais pas de manière désastreuse, c'est-à-dire qu'il s'était trompé sur l'ampleur et la durée du mouvement haussier des prix. Il s'est ensuite trompé de la même manière en ce qui concerne le marché baissier. Le marché avait été extrêmement terne à la suite de ce que les écrivains financiers appelaient une « baisse sévère, » mais qui signifiait la perte de millions de dollars par les spéculateurs. Une panique avait été évitée de justesse par une combinaison opportune d' « intérêts puissants, » après quoi le marché était devenu professionnel. En l'absence d'agneaux complaisants, les cannibales financiers connus sous le nom de « room traders » et de « pikers » ont essayé de « scalper des huitièmes » les uns des autres pendant des semaines, afin de tirer profit des fluctuations fractionnaires au lieu d'attendre les grands mouvements. Les clients de Hayward, comme tous les autres clients, ne spéculaient pas. Il utilisait donc leur argent pour protéger ses propres spéculations. Les frais de bureau étaient nombreux et lourds, et les commissions peu nombreuses et légères.

Hayward était très pessimiste. Il avait vendu des actions, pensant, comme la majorité de ses collègues, que les prix les plus bas n'avaient pas été atteints. En conséquence, il était fortement « à découvert » et il ne pouvait pas « couvrir » avec un bénéfice, parce que les prix avaient progressé très lentement, mais très régulièrement.

Un jour, un gros joueur de Chicago, plus audacieux ou plus perspicace que ses confrères de l'Est, a pensé que le moment était venu de lancer un « bull » ou mouvement haussier en général, et en particulier sur les actions de la Consolidated Steel Rod Company. Il était président du conseil d'administration. M. William G. Dorr décida d'un plan visant à rendre les actions attrayantes pour cette catégorie d'investisseurs spéculatifs, pour ainsi dire, qui aimaient acheter des actions en distribuant généreusement les bénéfices à leurs détenteurs. Le plan de M. Dorr a été tenu secret. La première étape consistait à envoyer des ordres d'achat importants, traités par des courtiers de premier plan, et à publier simultanément, dans la presse quotidienne, divers articles relatant tous la merveilleuse prospérité de la Consolidated Steel Rod Company et ses gains phénoménaux, ainsi que l'indéniable bon marché de l'action au prix en vigueur. M. Dorr et ses associés avaient bien entendu profité du grand « effondrement » ou de la chute des valeurs pour racheter à 35 euros les mêmes actions qu'ils avaient vendues au public quelques semaines auparavant à 70 euros. Après avoir acquis ces actions à bas prix, ils ont « manipulé » - par le biais d'achats supplémentaires - le prix afin de pouvoir les revendre avec un bénéfice.

Il se trouve cependant qu'une fois auparavant, des rumeurs de dividendes concernant « Con. Steel Rod » avaient été diffusées, avec la connivence de Dorr, et elles ne s'étaient pas réalisées, au grand détriment des acheteurs crédules et au plus grand profit des initiés, qui étaient « à découvert » de l'action « jusqu'au cou » - un cas typique de bourrage dont d'autres bourreurs plus artistiques avaient exprimé la plus grande indignation. Au lieu de verser des dividendes, les administrateurs ont décidé - à la dernière heure - qu'il ne serait pas prudent de le faire, après quoi l'action s'est « cassée » de dix-sept points. Les agneaux ont perdu des centaines de milliers de dollars ; les initiés en ont gagné autant. C'était un « beau tour. »

Hayward s'en est souvenu et lorsque l'action, après plusieurs jours d'activité ostensible et de progression régulière, est montée à 52, il a rapidement vendu « à découvert » 5 000 actions, croyant que la manipulation à visage découvert ne ferait pas monter l'action beaucoup plus haut que ce chiffre, et qu'avant longtemps, elle devrait baisser. Un mois auparavant, l'action s'était vendue à 35 et personne n'en voulait. Il était d'autant plus convaincu que le « sommet » avait été atteint par les prix que M. Dorr, dans un journal de Chicago, avait déclaré que les actionnaires recevraient probablement d'un seul coup un dividende d'une année entière en raison de la prospérité inégalée du commerce des barres d'acier. Une telle action était sans précédent. On en avait parlé à plusieurs reprises à propos d'autres titres, mais elle ne s'était jamais réalisée. Pourquoi se réaliserait-elle dans ce cas-ci ?

Hayward, qui connaissait les antécédents de Dorr, s'est empressé de « cuivrer » son « conseil » d'achat, misant sur la constante mendicité de Dorr. Mais M. William G. Dorr, le plus rusé et le plus audacieux de tous les parieurs occidentaux, a trompé tout le monde - il a dit la vérité. Cette semaine-là, les directeurs ont fait exactement ce qu'il avait prédit. Lorsqu'un spéculateur de sa trempe ment, il ne trompe qu'une moitié - la moitié idiote de la rue. Lorsqu'il dit la vérité, il trompe tout le monde. Avant que Wall Street n'ait pu se remettre du choc, le prix de l'action avait augmenté de 5 points, ce qui signifiait que

Hayward avait perdu 25 000 dollars sur cette seule opération. Mais, en outre, la liste générale a été portée vers le haut de manière sympathique. Les bulls semi-paralysés reprirent confiance en voyant le succès des manœuvres du joueur de Chicago dans Consolidated Steel Rod. Les taux d'intérêt et les espoirs des baissiers chutent ; la valeur des actions et le courage des baissiers augmentent ! Hayward commence à « couvrir » Steel Rod. Il « achète » 5 000 actions et, une fois l'opération terminée, il a perdu 26 750 dollars. Il était encore « à découvert » d'environ 12 000 actions, sur lesquelles ses pertes « papier, » aux derniers cours côtés, s'élevaient à plus de 35 000 dollars ; mais s'il essayait de racheter une telle quantité d'actions sur un marché si sensible à toute impulsion haussière, il ferait grimper les prix en un clin d'œil, ce qui augmenterait ses propres pertes de façon très importante.

Ce matin-là, il se rend à son bureau tout tremblant. Il consulte le caissier et constate qu'il n'a que 52 000 dollars à la banque, dont les deux tiers appartiennent à ses clients. Il était déjà, moralement parlant, un escroc. Il était ruiné s'il ne couvrait pas, et il était ruiné s'il couvrait. Son « siège » à la Bourse valait peut-être 40 000 dollars, pas un centime de plus ; et comme il devait personnellement à ses correspondants étrangers près de 38 000 dollars, il ne pouvait éviter d'être irrémédiablement ruiné. De plus, sa faillite ne serait pas un échec « honnête, » car, comme il se l'est dit amèrement, une fois le mal fait, « je n'avais pas à spéculer à mon propre crochet avec l'argent des autres. »

Il l'avait senti plus qu'il ne l'avait vu venir, car, comme un joueur, il avait fermé les yeux et s'était enfoui la tête dans le sable de l'espoir, comptant sur la chance pour le protéger du châtiment. Mais voilà qu'il se retrouve face à la question que tout joueur redoute : « Si je devais tout perdre, quel risque désespéré prendrais-je pour le récupérer ? » La réponse est généralement si effroyablement voleuse que les nombreux Hayward de la Bourse et du Board of Trade cessent immédiatement de penser avec une soudaineté qui fait honneur aux restes de leur honnêteté. Mais la question sinistre et la réponse commencée mais inachevée les hantent.

En quittant son bureau pour se rendre dans la « Board Room, » il se posa la question fatidique. Mais il ne s'est pas permis d'y répondre avant de s'être arrêté au « Fred's, » le bar officiel de la Bourse, et d'avoir bu un verre de whisky brut. La réponse vint alors.

Il était de toute façon ruiné. S'il échouait sans autre forme de procès, c'est-à-dire sans augmenter son passif, il serait maudit par vingt-cinq de ses clients et par quinze de ses collègues courtiers qui lui « prêtaient » des actions. Mais s'il faisait un dernier effort désespéré, il pourrait sortir du trou ; ou, au pire, pourquoi, le nombre de clients maudits resterait le même, mais les collègues courtiers passeraient à vingt ou trente.

Il s'est resservi un verre. Le marché est devenu incontestablement un marché haussier. Les baissiers avaient lutté contre la progression, et il restait encore un intérêt à court terme tenace pour certaines actions, comme par exemple l'American Sugar Company stock. Maintenant, si ces intérêts à court terme pouvaient être écrasés, cela pourrait signifier une avancée de huit ou dix points. S'il achetait 10 000 ou 15 000 actions et les revendait avec un bénéfice moyen de quatre ou cinq points, il repoussait le désastre, et s'il gagnait dix points, il était un grand opérateur. Certes, il n'avait pas à acheter ne serait-ce que 1.000 actions de Sugar ; mais il n'avait pas non plus à se trouver au bord de la faillite.

La liqueur était puissante. Sally se dit, dépité : « Je pourrais aussi bien être pendu pour un troupeau que pour un vieux mouton minable. »

Il marcha d'un pas un peu chancelant de « Fred's » à la Bourse en passant par l'étroite New Street asphaltée. Il s'arrêta à l'entrée. Il n'y avait pas d'échappatoire. À moins d'un coup de chance, il échouerait de façon ignominieuse.

« Pike's Peak ou pas, » se dit-il, et il entre dans la grande pièce.

« Bonjour, M. Hayward, » dit le portier. Hayward acquiesce distraitement, se surprend à répéter « Pike's Peak ou gouffre financier ! » et se dirige tout droit vers le poste de sucre.

Il a commencé à faire des offres d'achat d'actions. Mille actions à 116, il les a eues. Un autre millier ; il l'a obtenu à 116,125. Un troisième millier ; quelqu'un était heureux de le vendre à 116,5. Jusqu'ici, tout va bien. Il a ensuite proposé 117 pour 2 500 actions, qui ont été rapidement vendues. Mais lorsqu'il offre « 117 pour n'importe quelle partie de 5 000, » la foule hésite ; les courtiers ne sont pas tout à fait sûrs que Hayward est « bon pour ça » ; sa capacité à payer les actions n'est pas incontestable. Sally, profitant de l'hésitation, enchérit à 117,25 et 117,5 pour 5 000 Sugar, prix auquel « Billy » Thatcher, un courtier à deux dollars, les lui vendit. Cela faisait 10 500 actions que Hayward avait achetées, et l'action n'avait augmenté que de 1,5 point. Les vendeurs à découvert n'ont pas été effrayés le moins du monde. Mais Sally l'était. Il s'est précipité hors de la foule vers son téléphone et a fait semblant de « signaler » les transactions à son bureau, comme il l'aurait fait s'il s'était agi d'achats de bonne foi. Il était suivi par une centaine d'yeux curieux et curieusement aiguisés. Ils l'ont vu porter le combiné téléphonique à son oreille avec une expression de grand intérêt, comme s'il écoutait un message important. Mais le seul message qu'il entendit fut celui des battements de son cœur, qui semblait dire, presque articulé : « Tu as joué et tu as perdu ; tu es donc encore plus mal en point qu'avant. Tu dois rejouer et ne pas perdre ! »

Il a quitté son téléphone et s'est précipité vers la foule du Sucre. Il était moins excité, il ressemblait moins à un homme ivre ; son visage n'était plus rouge, mais pâle. Et voilà que les mots Pike's Peak ou le gouffre financier s'imposent à lui, comme s'il s'agissait d'une simple lettre. Mais Pike's Peak brillait sourdement, faiblement, tandis que l'alternative était d'une splendeur éclatante. Il cligna des yeux et fit un curieux mouvement d'impatience avec sa main, comme on écarte un insecte gênant.

Il passe une commande de 5 000 sucres à son ami Newton Hartley.

« C'est pour vous, Sally ? » demande Hartley.

« Non. C'est pour l'un des plus grands hommes de la rue, Newt. Tout va bien. Absolument O.K. »

Ainsi rassuré, Hartley achète le titre. Le prix était de 118. Le vendeur tiendrait Hartley responsable de l'argent de l'achat si Hayward « se couchait, » c'est-à-dire refusait de payer.

Sally s'est essuyé le front deux fois, bien inutilement. Les vendeurs à découvert ne se bousculaient pas. Toute tentative de vendre les 15 000 actions qu'il avait achetées n'aurait pour résultat que de faire baisser le cours, de cinq points au moins. Pour lui, les perspectives étaient plus que mauvaises.

Il a donné un autre ordre d'achat de 5 000 actions à « Billy » Lansing, un vieux courtier fiable à deux dollars, mais Lansing l'a refusé. Il fait une autre tentative, mais l'ordre n'est pas accepté. Ils se méfient de lui, mais il ne peut même pas s'en plaindre, car ils s'excusent en disant qu'ils ont d'autres ordres importants à passer. Il eut donc recours à un autre ami personnel, J. G. Thompson.

« Joe, achète 5 000 sucres. »

« Êtes-vous sobre ? » dit Thompson, sérieusement.

« Voyez vous-même, » répondit Sally en riant. Elle avait du culot. « Mon vieux, j'ai reçu une très grosse commande de l'un des plus grands hommes de la rue. Des développements importants sont en cours. »

« Sally, es-tu sûre d'avoir reçu une commande de quelqu'un d'autre ? demanda le courtier, peu convaincu. Son incrédulité était manifestement de l'ordre de l'insulte, mais elle était pardonnable, car l'enjeu était trop important. »

« Joe, viens au bureau et je te montrerai... Vraiment, je ne peux pas te le dire. Mais je peux vous conseiller, en tant qu'ami, d'acheter Sugar pour ce qu'il vaut. » Et en prononçant ce mensonge, elle regarda Thompson droit dans les yeux.

« Hayward, es-tu sûr ? Êtes-vous sûr de ne pas faire d'erreur ? » Il voulait la commission de 100 dollars, mais il n'était pas sûr de son ami.

« Oh, diable, non. J'ai encore beaucoup de choses à acheter. Ce n'est pas grave. Vas-y, Joe. »

Et Joe est allé de l'avant. Il acheta les 5.000 actions 205. L'action est montée à 119,5, et Hayward, averti par son expérience avec Hartley et Thompson, n'a demandé ni à un ami ni à un ennemi d'acheter 5 000 actions supplémentaires pour lui. Ce qu'il a fait, c'est distribuer des ordres d'achat pour 10 000 actions par lots de 500. Les courtiers acceptent alors ses ordres, car ils ne sont pas trop importants pour être dangereux. L'action monte à 122,75. Quelques shorts ont pris peur. Il pouvait gagner après tout, il pouvait atteindre le Pike's Peak. Il commença à surenchérir sur les actions. Il a même acheté des actions « au comptant, » c'est-à-dire des actions qu'il a payées au comptant, qu'il a dû payer comptant, et dont il a reçu les certificats immédiatement, vraisemblablement pour les remettre à un investisseur de plusieurs millions. Tout le monde à l'étage parlait de Hayward. L'ensemble du marché avait augmenté en même temps que Sugar.

Mais à 124, il semble que tout le capital soit à vendre. Il cesse d'acheter. Il a accumulé 38 000 actions. Pour payer les actions, il fallait environ six millions et demi ! Mais s'il pouvait se débarrasser de ses actions à une moyenne de 122 seulement, il pourrait « s'en sortir » dans ses autres problèmes.

Il a donné un ordre de vente de 10 000 actions à un courtier avec lequel il avait toujours été très ami. Ce fut une erreur fatale. Le courtier, Louis W. Wechsler, avait déjà vendu 1 000 actions à Hayward pour du « cash » à 122. Il se doutait de ce qui allait se passer et, refusant l'ordre, il se rendit lui-même au bureau de Hayward et demanda un chèque. Le caissier chercha à le dissuader par des excuses, et Wechsler, désormais certain de la véritable situation, retourna au conseil d'administration et commença à vendre Sugar à découvert pour son propre compte. En cas de krach, il gagnerait de l'argent au lieu d'en perdre. Hayward était sûr d'être ruiné, et Wechsler se disait avec sophistication qu'il ne faisait que profiter de l'inévitable. Entre-temps, Sally avait vendu les 10 000 actions par l'intermédiaire d'un autre courtier, et le prix était tombé à 121,75. Mais les 5 000 actions de Wechsler l'ont ramené à 120,5. Quelqu'un d'autre en a vendu d'autres, les vendeurs à découvert se sont remis de leur frayeur, et l'heure fatale approchait, celle où Hayward allait devoir trancher. Pike's Peak ou rien ! Il avait en effet besoin d'un véritable pic de dollars pour payer les 28 000 Sucres qu'il avait en main. Il se lance donc.

Il a levé les mains. Il s'avoue vaincu. La tension est retombée. Il n'était plus excité, mais froid, presque cynique. Sur l'un des petits bouts de papier sur lesquels les courtiers notent leurs transactions, il griffonna un message au crayon de plomb. C'était son dernier mensonge officiel, et il allait coûter à Hartley et Thompson et à d'autres amis, ainsi qu'à ses clients, plusieurs milliers de dollars. Le message était le suivant :

« En raison du refus de leur banque de leur accorder les facilités habituelles, Hayward & Co. sont contraints d'annoncer leur suspension. »

Il a crié « Boy. » Et il donna le bout de papier à l'un des messagers de la Bourse en gris. « Portez ceci au président. »

Et il sortit lentement, presque en plastronnant, de la Bourse de New York - pour la dernière fois - alors que le président frappait avec son marteau jusqu'à ce que la foule habituelle se rassemble autour de la tribune et écoute l'annonce de la faillite de « Sally » Hayward, qui avait commencé comme un gentil petit garçon au téléphone et qui avait fini comme un joueur d'actions.

L'Analyste Théologique

Au début, Wall Street pensait que la « religiosité » de Silas Shaw était une affectation. Personne ne pouvait dire quel objectif le vieil homme souhaitait atteindre par la notoriété calculée de son appartenance à une église. Il est vrai que de nombreuses théories ingénieuses furent avancées, certaines allant jusqu'à faire allusion à la repentance. Mais au fond du cœur de ses collègues courtiers, de ses amis comme de ses victimes, on croyait que le vieux Shaw, d'une manière peu connue, utilisait concrètement son enthousiasme ostentatoire pour les choses de l'Église, comme les politiciens recourent à des procédés plus ou moins évidents pour « capter le vote allemand » ou pour « plaire à l'élément irlandais. »

Un jour, après une série d'escarmouches et une dernière bataille rangée à « South Shore » entre le Vieux et les ours, lorsque les peaux de ces derniers, après la capitulation, ont ajouté près d'un demi-million au compte en banque du vieux, certaines sommités de l'Église épiscopale méthodiste ont été appelées en consultation. Silas Shaw y pensait depuis longtemps ; et maintenant, il y eut beaucoup de conférences et de sermons plus ou moins arides et déplacés de la part des théologiens et beaucoup de paroles apaisantes de la part des avocats du vieux ; et d'autres membres du clergé méthodiste et d'autres avocats et d'autres discussions ; puis un agent immobilier et un architecte et un banquier de premier plan et, enfin, un seul chèque de la part du vieux.

Le lendemain, les journaux annonçaient que le séminaire théologique Shaw avait été fondé et doté par M. Silas Shaw. Mais même après que le vieil homme eut consacré son butin urinaire à cet objet louable, Wall Street resta sceptique.

Et pourtant, Wall Street a commis une erreur, comme c'est souvent le cas lorsqu'il s'agit de juger ses dirigeants. Silas Shaw avait vraiment un faible pour tout ce qui était ecclésiastique. En plus d'être une puissance dans la rue, il aimait être considéré comme l'un des piliers de son église. Il entendait avec plaisir, les jours de semaine, le son staccato du téléscripteur ; mais le dimanche, il appréciait certainement les cadences apaisantes des hymnes familiers. Et si plus d'un courtier endurci a exprimé des opinions pittoresques mais non reproductibles sur le vieil homme, plus d'un jeune pasteur enthousiaste a pu raconter des histoires agréables sur la façon dont le vieux joueur d'actions l'a reçu et a répondu à l'appel fervent pour les fonds avec lesquels de nombreuses petites églises ont été construites dans les bois.

La générosité de Shaw était si bien connue des membres de l'église que le révérend docteur Ramsdell, pasteur de l'église épiscopale méthodiste de Steenth Street et administrateur du séminaire théologique de Shaw, n'éprouva aucune gêne à lui demander de l'aide. Ce n'était pas l'église de Shaw, mais le Dr Ramsdell avait à sa charge un ou deux banquiers bien connus à Wall Street et plusieurs membres de la Bourse de New York. Il semblait particulièrement approprié au révérend Dr Ramsdell que le nom de Silas Shaw, suivi de quelques chiffres, figure en tête d'une liste de souscription. On souhaitait ériger une chapelle protestante à Oruro, en Bolivie, la moins civilisée de toutes les « républiques » d'Amérique du Sud.

« Bonjour, frère Shaw ; j'espère que vous allez bien. »

« Tolérable, tolérable, merci beaucoup, » répondit le vieux joueur robuste. « Qu'est-ce qui vous amène dans cette zone de péché ? Vous faites du travail missionnaire, hein ? J'aimerais que vous commenciez par ces jeunes oursons. »

« Ah, oui, » dit le Révérend Dr Ramsdell avec enthousiasme. « C'est précisément à propos du travail missionnaire. Et il raconta à Silas Shaw son projet de porter la lumière en Bolivie en construisant la seule chapelle protestante à Oruro, où régnait un climat incroyablement tenebreux, pire que l'Afrique la plus sombre. » Le révérend docteur espérait, en fait, il savait, étant donné le dévouement bien connu de Frère Shaw à l'œuvre glorieuse de la rédemption de leurs frères boliviens malheureux, qu'il pouvait compter sur lui, etc.

« Mon cher Dr Ramsdell, » interrompit Shaw, « je ne signe jamais de listes de souscription. Quand je donne, je donne ; et je ne veux pas que tout le monde sache combien j'ai donné. »

« Frère Shaw, vous n'avez pas besoin de signer votre nom. Je vous inscris sous le nom de X. Y. Z., » sourit-il d'un air encourageant.

« Non, non ; ne me rabaissez pas du tout. »

Le bon docteur avait l'air si surpris et si malheureux que Shaw se mit à rire.

« Courage, docteur. Je vais vous dire ce que je vais faire : je vais acheter des Erie pour vous. Oui, monsieur, c'est la meilleure chose que je puisse faire. Qu'en dites-vous ? » Et il regarda le docteur, triomphant.

« Je ne suis pas sûr qu'il s'agira d'un investissement souhaitable. Vous voyez, je ne connais pas beaucoup Wall Street. »

« Moi non plus. Et plus je vieillis, moins j'en sais. »

Le révérend docteur esquissa un timide sourire de semi-incrédulité.

« C'est vrai, docteur. Mais nous ferons quelque chose pour vous. Les Bohémiens en fleurs, je veux dire, les Bohémiens malheureux... »

« Ahem!-Boliviens, Frère Shaw. »

« Je voulais parler des Boliviens. Ils doivent avoir une chance pour leur âme. John, » dit-il à un employé, « achète 500 actions d'Erie au marché. »

« Oui, monsieur, » dit John en disparaissant dans la cabine téléphonique. Acheter « au marché » signifie acheter au prix courant ou au prix du marché.

« Frère Shaw, je vous suis extrêmement reconnaissant. Cette affaire me tient à cœur, je vous l'assure. Et quand saurai-je si l'investissement est rentable ? »

« N'ayez aucune crainte à ce sujet. Nous ferons en sorte que la bourse contribue à votre fonds missionnaire. Tout ce que vous aurez à faire, c'est de consulter la page financière de votre journal tous les soirs et de vous tenir au courant. »

« Je crains, Frère Shaw, » dit le Dr Ramsdell d'un ton dédaigneux, « que je n'aie pas beaucoup de mal à rester en poste. »

« Pas du tout. Vous voyez, ici, » et il a pris son papier et s'est tourné vers les tables de stockage. « Prenez place dans votre fauteuil, docteur. Vous voyez, voici Erie. Hier, sur des transactions de 18 230 actions, les actions d'Erie Railroad ont été vendues jusqu'à 64,75 et jusqu'à 63,25, la dernière vente ou clôture étant à 64,5. Les chiffres correspondent à des dollars par action. C'était très fort. Tu n'as pas encore de rapport sur les 500 Erie, John ? »

« Oui, monsieur, » dit John. « 65,125. »

« Vous voyez, docteur, les actions continuent de monter. Eh bien, chaque jour, quand vous regarderez le tableau, vous verrez à quel prix se vendent les actions d'Erie. S'il est supérieur à 65,125, cela montrera que vous gagnez de l'argent. Chaque point de plus, c'est-à-dire chaque unité, signifie que votre fonds missionnaire est plus riche de 500 dollars. »

« Et frère Shaw, s'il n'y en a pas ? »

« A quoi bon penser de telles choses, Dr. Ramsdell ? Tout ce que vous devez retenir, c'est que je vais vous faire gagner de l'argent ; et que j'ai payé 65,125 pour les actions que j'ai achetées. »

« Vous pensez vraiment... »

« Ne craignez rien, docteur. Vous comprenez, bien sûr, qu'il est préférable de ne pas donner de publicité indue à ce genre d'affaires. »

« Bien sûr, bien sûr, » acquiesce le médecin. « Je comprends. Mais ce n'est pas le cas. »

« Rien d'autre, docteur ? »

« Non, je vous remercie beaucoup, Frère Shaw. J'espère très sincèrement que votre - je devrais dire - notre investissement aura un résultat favorable pour notre Fonds missionnaire bolivien. Merci beaucoup. »

« N'en parlez pas, docteur. Et ne vous inquiétez pas. Vous aurez de mes nouvelles dans une semaine ou deux. Bonne journée. »

Le révérend docteur traverse la rue pour se rendre au bureau de l'un de ses paroissiens, Walter H. Cranston, courtier en valeurs mobilières.

M. Cranston était en train de déplorer l'effroyable manque d'affaires et de se décider sur certains conseils delphiques qu'il envisageait de donner à ses clients timides, afin de les faire « commercer, » ce qui signifierait des commissions, lorsque la carte du Dr Ramsdell a été apportée.

« Qu'est-ce qu'il vient faire ici, à déranger un homme dans son travail ? » pensa-t-il. Mais il dit : « Fais-le entrer, William. »

« Bonjour, frère Cranston. »

« Bonjour, Dr Ramsdell. A quoi dois-je ce plaisir inattendu ? »

« J'ai demandé à vous voir au sujet de notre Fonds missionnaire. Vous savez que je m'y intéresse beaucoup. Nous souhaitons construire une chapelle en Bolivie, là où la lumière est nécessaire, Frère Cranston, autant qu'en Chine, je vous l'assure. Et c'est tellement plus près de chez nous. »

« Docteur, j'ai vraiment... » commence Cranston, d'un air blessé.

« Je veux votre précieux autographe en tête de la liste de souscription, » dit l'ecclésiastique d'un air qu'il s'efforça de rendre arrogant et enjoué. « Ne me refusez pas. »

« Pourquoi ne pas essayer une personne connue ? » dit Cranston, modestement.

« Pour vous dire la vérité, Frère Cranston, j'ai essayé Silas Shaw. » Et il ajouta, hâtivement, « Non sans que vous soyez suffisamment connu pour mon objectif. »

« Qu'a dit le vieux ras-le-bol ? »

« Il a dit qu'il ne signait jamais de listes d'abonnement. »

« Il ne vous a rien donné du tout ? »

« Oh, oui ; il a fait quelque chose pour moi. » Le visage du docteur prit un air de mauvais augure.

Les yeux de Cranston s'illuminent. « Qu'est-ce que c'était ? »

« Eh bien, » dit l'ecclésiastique, hésitant, « il a dit que nous nous en sortirions bien. Ce sont ses propres mots, Frère Cranston. »

« Oui ? » Le visage de Cranston ne semblait pas prometteur d'une illumination bolivienne.

« Oui. Il m'a dit qu'il ferait contribuer le marché boursier au fonds. »

« En effet ! » Cranston montre un vif intérêt.

« Oui. Je suppose que puisque vous travaillez dans le même domaine, il n'y a pas de mal à vous dire qu'il a acheté des actions pour moi. Il s'agissait de cinq cents actions. Pensez-vous, Frère Cranston, que cela signifie beaucoup ? Vous voyez, j'ai ce fonds très à cœur ; c'est pourquoi je vous le demande. »

« Cela dépend, » dit Cranston, très négligemment, « des actions qu'il a achetées pour vous. »

« C'était des actions des chemins de fer de l'Erié. »

« Bien sûr, Dr. Ramsdell, vos bénéfices dépendront du prix que vous avez payé. Le tout sur un ton d'indifférence totale. »

« C'est le frère Shaw qui a payé. Le prix était de 65,125. »

« Aha ! » dit Cranston. Le vieux est donc optimiste sur Erie, n'est-ce pas ? »

« Je ne sais pas ce que vous voulez dire, mais je sais qu'il m'a dit que je devais lire le journal tous les jours et voir à quel point le prix dépassait 65,125 ; et que j'aurais sûrement des nouvelles de lui. »

« J'espère sincèrement que vous le ferez, docteur. Voyons voir, 100 dollars, ça ira ? Très bien, je vais faire un chèque pour vous. Le voici. Et maintenant, docteur, voulez-vous m'excuser ? Nous sommes très occupés. Bonne journée, Dr Ramsdell. Revenez nous voir si vous passez par ici. » Et il faillit pousser le brave homme hors du bureau dans son empressement à se débarrasser de lui.

À peine la porte vitrée s'est-elle refermée sur le révérend Dr Ramsdell que Cranston se précipite au téléphone et passe un ordre d'achat de 1 000 actions d'Erie au meilleur prix possible. En faisant cela avant de prévenir ses amis, il prouvait qu'il croyait fermement en Erie ; en outre, il achetait ses actions avant les leurs et les achetait donc, selon toute vraisemblance, moins cher. Il s'est ensuite précipité dans la salle des clients et a crié : « Bonjour ! Tout le monde monte à bord d'Erie ! Silas Shaw est aussi optimiste que le vieux Nick à ce sujet. Je suis tout à fait d'accord. J'ai toujours pensé que ce vieux coquin était en train de prendre tranquillement le train en marche. C'est son mouvement et il n'y a pas d'erreur. Il devrait y avoir dix points en jeu si vous achetez maintenant. »

La société Cranston & Melville a acheté ce jour-là, pour elle-même et pour ses clients, 6 200 actions d'Erie, contribuant ainsi, autant que d'autres, à faire monter le cours à 66,5.

Tout au long de cette semaine, le révérend docteur a été occupé à collecter des souscriptions pour le Fonds missionnaire bolivien. C'était une bonne âme et un passionné de cette liste de souscription.

Il raconta donc à ses paroissiens comment Frère Cranston avait donné 100 dollars et Frère Baker, un autre homme de Wall Street, 250 dollars, et Frère Shaw avait promis - il le raconta avec un sourire amusé, comme s'il s'agissait d'une incongruité - de faire contribuer le marché boursier au fonds ! Frère Shaw l'avait fait en achetant des actions pour lui et l'avait assuré, à sa manière pittoresque, que tout se passerait bien dans une semaine ou deux. Tous ceux à qui il a raconté ce fait ont développé une curiosité pour le nom de l'action elle-même. Ils l'ont manifesté de diverses manières, selon leur tempérament. Comme il l'avait dit à certains, il estima qu'il ne devait pas faire de discrimination à l'égard des autres ; il révéla donc à tous, en toute impartialité, le nom de l'action. Il pensait que cela ne nuirait pas à Frère Shaw, et il pensait à juste titre. Il éprouva, d'une manière douce et bienveillante, à demi inconsciente, quelque chose qui s'apparente au grand plaisir de Wall Street, celui de « donner un bon pourboire » à des amis qui l'apprécient. Le Fonds missionnaire bolivien se développa même au-delà des attentes optimistes du brave homme.

Mais une chose étrange, très étrange, se produisit : L'action Erie, d'après la lecture quotidienne des pages financières du docteur, avait fluctué entre 65 et 67. Le mardi suivant, à sa grande surprise, le tableau des actions indiquait : « Plus haut, 65,75 ; plus bas, 62 ; dernier, 62,625. » Le mercredi, le tableau indique : « Plus haut, 62,5 ; plus bas, 58 ; dernier, 58. » Le jeudi, il y a eu une lueur d'espoir - l'action s'est vendue jusqu'à

60 et a clôturé à 59,5. Mais le vendredi, il y a eu une mauvaise passe et Erie a touché 54,125, juste 11,125 points en dessous de ce que l'action du Fonds missionnaire bolivien avait coûté. Et, le samedi, l'action est tombée à 50, clôturant à 51,5.

Ce dimanche-là, le révérend docteur Henry W. Ramsdell prêcha devant l'assemblée la plus morose de Gotham. Partout où il tournait son regard, il rencontrait des regards de reproche, des yeux accusateurs, pleins d'amertume, de colère ou de tristesse. M. Silas Shaw, qui était venu, comme il le faisait souvent, écouter son ami, le Dr Ramsdell, prêcher, faisait exception à la règle. Ses yeux ont regardé le pasteur avec bienveillance tout au long du long sermon. Il avait l'air de se sentir, pensa le Dr Ramsdell, inexplicablement satisfait. Avait-il oublié sa promesse - la promesse dont la Bolivie, qui était dans l'embarras, attendait tant ?

Les deux hommes se sont rencontrés après le service. Les manières du Dr Ramsdell étaient contraignantes ; celles de M. Shaw étaient affables.

« Bonjour, docteur, » dit le vieil opérateur. « J'ai gardé un petit papier dans ma poche depuis quelques jours, dans l'espoir de vous rencontrer. Le voici. » Et il tendit un chèque de 5 000 dollars à l'ecclésiastique.

« Pourquoi les actions n'ont-elles pas baissé ? »

« Bien sûr ! »

« Comment se fait-il alors que... »

« Oh, ce n'est pas grave. Le résultat est conforme à ce que j'attendais. C'est pourquoi vous recevez le chèque. »

« Mais vous n'avez pas acheté 500 actions pour moi ? »

« Oui, mais après votre départ, j'ai vendu 10 000 actions entre 65 et 67. Votre congrégation, docteur, a développé une remarquable tendance haussière sur Erie. » Il s'esclaffe joyeusement. « C'est à eux que j'ai vendu les actions ! »

« Mais j'ai eu l'impression que vous aviez dit que les actions augmenteraient. »

« Oh, non. Je n'ai jamais dit cela. Je t'ai simplement dit que nous nous en sortirions bien. Et je crois que c'est le cas. » Il rit joyeusement. « Ce n'est pas grave, docteur ; ces satanés Boliviens seront éclairés, vous pouvez en être sûr. »

« Mais je ne sais pas si je dois l'accepter ou non, » dit le médecin, le visage très rouge, en tripotant le chèque avec hésitation.

« Oh, vous ne me volez pas", lui assure gaiement le vieux joueur. "Je m'en suis bien sorti, très bien, merci."

"Je veux dire... » balbutie l'ecclésiastique, « je ne sais pas si c'est bien de... »

Shaw fronce les sourcils. « Mettez ce chèque dans votre poche, » dit-il d'un ton sec. « Vous l'avez mérité. »

BIBLIOGRAPHIE

Wall Street Stories by Edwin Lefèvre (1901). Traduction et adaptation de l'anglais au français. Tous droits réservés.